人生が好転する95の言葉

大人のための“名言ケア”

石原壮一郎

創元社

はじめに

あなたの心をケアする「名言」が必ず見つかります

あなたの心は、今、元気ですか。悩みや心配ごとで、締め付けられたりかき乱されたりしていませんか。心が元気じゃないと、からだも考え方も元気じゃなくなってしまいます。

いろんなことがあったり、あれこれ積み重なったりして、自分の心が悲鳴を上げていると感じたら、早めにケアしてあげましょう。あなたの心を守れるのは、誰よりもあなた自身です。

この本では、疲れた心や傷ついた心をふんわり受け止め、癒しや励ましを与えてくれる「名言」を集めました。おもな効能ごとに「人間関係がラクになる言葉」「自信がわいてくる言葉」「心が軽くなる言葉」「前向きになれる言葉」「自分を好きになる言葉」の5つの章に分かれています。

偉人や哲学者の言葉から、世界のことわざや禅語など、人類の叡智によって生み出され、長年にわたって多くの人の心をケアしてきた〝実力派〟ばかり。それぞれについて、僭越ながら読み解き方や味わい方の一例をあげてみました。


ページをめくれば、今のあなたを救ってくれる「名言」や、勇気やヤル気を与えてくれる「名言」が、必ず見つかります。長年のモヤモヤが晴れたり、今後の人生の指標となったりする「名言」とも、きっと出会えるでしょう。

心というのはナイーブで、時に厄介です。しかし、あなたを苦しめるだけではありません。楽しさや幸せや希望といったプラスの感情をもたらしてくれるのも、ほかならぬ心です。

大切にケアしながら、自分の心と仲良く付き合いましょう。あなたの心は、あなたをけっして悪いようにはしません。

CONTENTS

挿画：山崎正人
ブックデザイン：上野かおる
組版：東　浩美
編集：林　聡子

今、あなたに必要な言葉チェック

チャートでチェック！
今、あなたに必要な
言葉は？

あなたは今、どんな悩みを抱えていますか。いちばんの不安や心配は何ですか。どういうことにストレスを感じていますか。

風邪を引いたら風邪薬、お腹の調子が悪いときは胃腸薬を飲みます。今の自分に必要な薬を選ばないと、効果は期待できません。

名言も同じ。今の自分は、どんな名言を必要としているのか。どんな名言が効くのか。心のどのあたりをどんなふうにケアしてあげると、気持ちがスッキリして元気な状態になれるのか。

この本では、さまざまな名言を5つのジャンルに分けました。次のページのチャートで、今のあなたにとくに必要なジャンルを探ってみましょう。

まずはその章から目を通してみてください。少し元気になったら、続けてほかの章も読んでみましょう。さらに元気がみなぎって、今よりも強くてやさしい自分になれるはずです。

あなたに効く名言は、どのジャンル？

自分の気持ちや考えに近いほうの矢印に進んでください。たどり着いたゴールが、今のあなたに必要な名言が詰まった章です。

一度だけでなく、別の日にもやってみましょう。そのときの状況や気分によって、必要な名言も変わります。「そっか、今の自分はこういうケアが必要なのか」と気づく手がかりにしてみてください。

START!

次の5つの4文字熟語で、もっとも好きなのはどれ？

- 一期一会
- 独立自尊
- 破顔一笑
- 切磋琢磨
- 喜怒哀楽

一期一会 → 朝起きたとき、最初に思うことは？
A:「よーし、今日も頑張るぞ！」
B:「あーあ、ずっと寝ていたいな」

独立自尊 → 転職するならどっちの職場？
A:嫌な人や意地悪な人がいない
B:やりがいのある仕事ができる

破顔一笑 → 風邪を引いて熱が出た。まず考えるのは？
A:「誰かにうつしてないかな？」
B:「どこでうつったのかな？」

切磋琢磨 → もし生まれ変わるとしたら？
A:今の自分
B:別の自分

喜怒哀楽 → 仕事のやり方がわからない。どうする？
A:上司や同僚に尋ねる
B:まずは自分で調べる

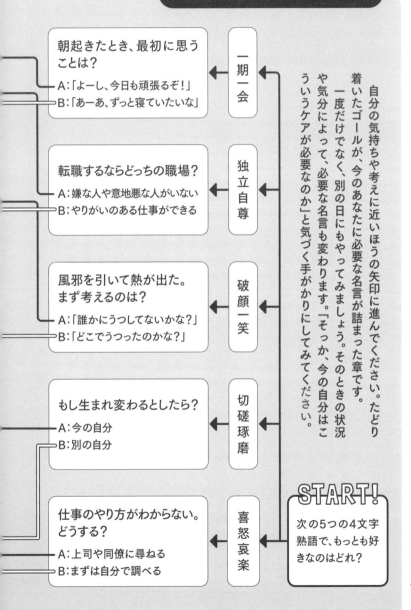

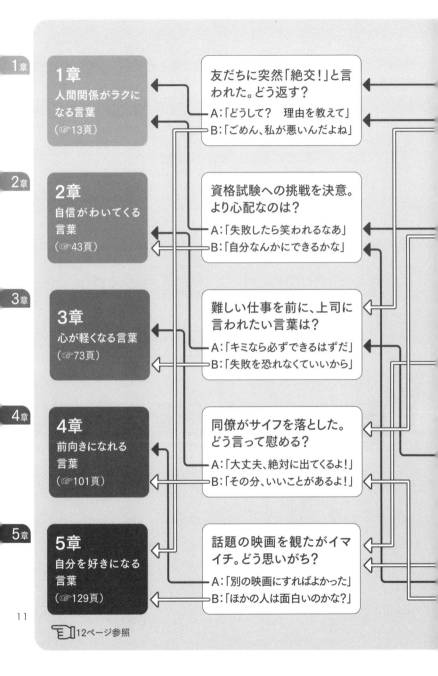

1章

1章
人間関係がラクになる言葉
（☞13頁）

2章

2章
自信がわいてくる言葉
（☞43頁）

3章

3章
心が軽くなる言葉
（☞73頁）

4章

4章
前向きになれる言葉
（☞101頁）

5章

5章
自分を好きになる言葉
（☞129頁）

友だちに突然「絶交！」と言われた。どう返す？
A:「どうして？　理由を教えて」
B:「ごめん、私が悪いんだよね」

資格試験への挑戦を決意。より心配なのは？
A:「失敗したら笑われるなあ」
B:「自分なんかにできるかな」

難しい仕事を前に、上司に言われたい言葉は？
A:「キミなら必ずできるはずだ」
B:「失敗を恐れなくていいから」

同僚がサイフを落とした。どう言って慰める？
A:「大丈夫、絶対に出てくるよ！」
B:「その分、いいことがあるよ！」

話題の映画を観たがイマイチ。どう思いがち？
A:「別の映画にすればよかった」
B:「ほかの人は面白いのかな？」

☞12ページ参照

1章
人間関係がラクになる言葉

あなたは今、人間関係で悩みや苦しみを抱えているようです。怒りの感情に縛られたり、わかり合えないもどかしさを感じていたり……。

この章には、迷路から抜け出すヒントを授けてくれる名言もあれば、人がつながる意味を教えてくれる名言もあります。新たな視点を得て、楽しく実り多い人間関係を築きましょう。

2章
自信がわいてくる言葉

あなたは今、ちょっぴり自信をなくしているようです。あなたにはあなたにしかできないことが必ずあります。あなたが今ここにいる意味が必ずあります。

この章にある名言は、あなたの迷いを吹き飛ばし、あなたはあなたでいいんだよと肩を力強く叩いてくれるはず。顔を上げて前に進んで行く勇気を授かりましょう。

3章　心が軽くなる言葉

あなたは今、重く沈んだ気持ちになっているようです。きっといろんなことがあったのでしょう。

この章にある名言は、あなたの身に起きた残念な出来事にはどういういう意味があるのか、挫折や後悔とどう向き合えばいいかを教えてくれます。また軽快に歩き出すために、心に背負わせてしまっている荷物を捨て去りましょう。

4章
前向きになれる言葉

あなたは今、目の前の道のりの険しさやそびえ立つ壁の高さに、ちょっと怯んでいるのかもしれません。

この章にある名言は、それでも自分を信じて進んで行くことの大切さと、きっとうまくいくから大丈夫という安心感を与えてくれます。人生は挑戦の連続。せっかくなら、及び腰ではなく、胸を張って進んで行きましょう。

5章
自分を好きになる言葉

あなたは今、自分のことが少し嫌いになっているようです。「好きになる価値のない自分」なんて、どこにも存在しません。

この章にある名言は、嫌いだと感じてしまう原因を取り除きつつ、自分では気づいていない自分の素晴らしさを教えてくれます。自分をもっと好きになれたら、もっと素晴らしい自分になれるでしょう。

1章

人間関係がラクになる言葉

名言 01

マルクス・トゥリウス・キケロ

盟友は
わが喜びを倍にし、
悲しみを半ばにす

マルクス・トゥリウス・キケロ

（古代ローマの政治家・哲学者／前106～前43年）

古代ローマ時代にイタリアの裕福な騎士階級の家に生まれる。弁論家として活躍したのち、政治家に。雄弁家としても広く知られ、名演説で国家の危機を救ったことも。著書に『国家論』など。

仕事にせよ勉強にせよ、同じ目的に向かって**一緒に頑張っている仲間は、特別な存在です。**道のりが困難であればあるほど、手を貸すなど物理的に助け合うだけでなく、励まし合ったり支え合ったりなど「気持ちの面での助け合い」は欠かせません。

ともに苦しい状況の中で、あるいは、どちらかが苦しい状況になったときに、**物心両面で助け合えるのが「盟友」**です。ただ、ハードな状況の中では、相手の言葉や態度にカチンと来たり、意見の違いで対立したりすることもあるでしょう。**時には「こんなヤツとは縁を切りたい」とまで**思ってしまうかもしれません。

相手にマイナスの感情を抱いたときこそ、あらためて「盟友」の大切さを思い出しましょう。いつか必ず**「この人がいてくれてよかった」と思うとき**があるはず。そして自分自身も、相手にとって大切な「盟友」であり続けたいものです。

結論

きっと盟友には、ヤル気が倍になり、疲れが半分になるという効能もある。

名言
02

アンリ・ラコルデール

一瞬だけ幸福になりたいなら、
復讐しなさい。
永遠に幸福になりたいなら、
許しなさい

アンリ・ラコルデール

（フランスの聖職者・説教家／1802〜1861年）

宗教思想家のラムネーの著作にひかれて、神学校に入学。伝統的カトリックにとどまりながら、教会内部に自由主義を浸透させようとした。その説教は若い世代の心をとらえ、大きな影響を与えた。

理不尽な目に遭わされたり、悪意のある言葉をぶつけられたりしたら、誰しも相手に激しい怒りを覚えます。**「絶対に復讐してやる」**と思うこともあるでしょう。仕事がらみで**「あの会社だけは許せない」**という気持ちになることもあります。

感情に突き動かされて、何らかの復讐をしたとします。首尾よく相手にダメージを与えられたら、**その瞬間は「ざまあみろ」と溜飲が下がる**でしょう。しかし、復讐された側が「自分が先にひどいことをしたんだから仕方ない」と考えることはありません。**「なぜ自分がこんな目に」と、こっちに怒りと恨み**を抱きます。

そのまま**「復讐」の応酬になったら、幸せな状態は永遠に訪れません。**「許す」という決断ができれば、そこで負の連鎖は終わります。自分が損をした気になったとしても、その損は「広い心で許してやった」と思う気持ちよさで、十分におつりがくるでしょう。

結論

復讐して快感を覚える人間より、許す快感を知る人間になりたい。

名言03

マハートマー・ガンディー

弱いものほど相手を許すことができない。許すという気持ちは強さの証だ

マハートマー・ガンディー

（インドの弁護士・政治指導者・思想家／1869～1948年）

イギリスの植民地だったインドで独立運動を指導。「インド独立の父」と呼ばれる。武力による闘争を否定する「非暴力主義」を提唱。民衆の尊敬を集め「マハートマー（偉大な魂）」と呼ばれた。

誰かの言動に怒りを覚えたり、理解できないと感じたりすることはよくあります。そのたびに「こんな人だったなんて」と幻滅したり、「こんな人とは付き合っていけない」と距離を取ったりしたら、**あっという間にまわりから誰もいなくなるでしょう。**

人間は完璧ではありません。そして、どんなに仲が良くても、すべてわかり合えるわけではありません。**自分自身も、たくさんの不完全な部分を抱えていて、思いがけず誰かを怒らせたり、**知らないうちに周囲から顰蹙《ひんしゅく》を買ったりしながら生きています。

相手を許すのは簡単ではありません。許すためには自分自身も含めて、**人間の不完全な部分を丸ごと受け止める勇気と覚悟**が必要です。許さずに怒り続けているほうが「楽」ですが、マイナスの感情に振り回されていても何も得られません。勇気を振り絞って**「許す」という選択肢を選んで**みましょう。

結論

「許す」という決断をすることで、不快な経験を糧にすることができる。

名言
04

ソクラテス

友と敵がいなければならない。
友は忠言を、
敵は警告を与えてくれる

ソクラテス

（古代ギリシャの哲学者／紀元前470頃〜紀元前399年）

対話法による「真理」の探究を目指し、プラント、アリストテレスへと続くギリシャ哲学を発展させた。「哲学の父」「哲学の祖」とも呼ばれる。神を否定し若者を惑わすとして訴えられ、刑死した。

たとえば職場の顔ぶれを思い浮かべてみると、**大ざっぱに「友」と「敵」に分けることができる**のではないでしょうか。露骨に対立している必要はありません。表面上は仲良くしていても、**言葉の端々や態度でこちらを不安にさせる人**はいます。

あなたのことを本当に考えてくれている「友」は、時に「ここは直したほうがいい」という〝忠言〟を与えてくれます。いっぽうで、微妙な関係にある「敵」は、親切にアドバイスしてくれたりはしません。しかし、ちょっとした**イヤミや不機嫌な態度を通して、「あなたは間違っている」という〝警告〟を与えて**くれます。

何に対する警告なのか、よくわからない場合もあるでしょう。ただ、苦手意識を持っている「敵」からの不愉快な言動や態度は、**自分に大切なことを教えてくれていると考えると、ショックが和らぎます。**思い当たる節がなければ、スルーしてかまいません。

結論

嫌な人に嫌なことを言われたときは、「ありがたい警告」と受け止めよう。

名言
05

アラブのことわざ

ロバが医者になることはないのだから、
敵が友になることもない

どう逆立ちしてもロバは医者になれないし、医者もロバのようにたくさん荷物を運ぶことはできません。しかし、私たちは他人に**それぞれに「できること」と「できないこと」**があります。しかし、私たちは他人に対して、つい「ないものねだり」をしてしまいがち。

同僚や友人や家族に対して、**「もっとこうしてくれたらいいのに」「なぜ、わかってくれないのか」**と思ったことはないでしょうか。あるいは、苦手な上司や先輩に対して、**「なぜこの人は、こうなのか」**といった不満を抱くこともあります。しかし、相手には相手の都合や考え方があって、こちらの思うようにはなりません。

ロバにはロバの、医者は医者の役割があります。広い意味での「敵」も、「友」とは違う役割があるはず。**「敵」に「友」と同じことを期待するのは、身勝手な「ないものねだり」**です。敵は敵、友は友として、ちょうどいい距離と接し方を模索しましょう。

結論

「敵がいるのはよくない」という、無意味な呪縛を捨てることも大事。

名言
06

サント・ブーブ

人間をよく理解するには、けっして急がないことだ

サント・ブーブ

（フランスの文学評論家、小説家、批評家／1804〜1869年）

ロマン主義を代表する作家の一人。伝記や書簡などの資料を駆使して作品の本質を学問的に研究したり、科学的な立場から人間性の問題を探求したりした。「近代批評の父」とも言われている。

人間にとって、自分以外のよく知らない人間は「不気味で怖い存在」です。そのせいか、私たちは急いで**「あの人は、こういう人」とレッテル**を貼りがち。「あの人は、こういうタイプ」と分類して、わかった気になろうとすることもあります。

厄介なことに、とりあえずの**レッテルや分類は、自分の中でしつこく尾を引き**ます。思い込みをベースに相手を見ているせいで、相手の言葉や行動の意図を誤解したり、必要のない違和感や反発を覚えたりすることも。あなたが今、**身近な誰かに抱いている苦手意識**は、そのへんが原因になっていないでしょうか。

急いで「理解したつもり」になっても、いい関係が早く築けるわけではありません。むしろ逆効果です。急がずにゆっくりと理解を深めていきましょう。すでに苦手意識を抱いている相手も、**ゆっくり理解し直そうとすることで、きっと見方が変わる**はずです。

結論

急げば急ぐほど正しい理解からも、良好な関係の構築からも遠ざかる。

名言07

禅語

竹に上下の節あり
松に古今の色なし
(竹有上下節　松無古今色)

竹の上下に節があるように、**人間関係にも必ず上下が**あります。

もちろん、人間に貴賤がないことは大前提。上下といっても役割や立場の違いのことで、**人としての価値に上下があるわけではありません。**そして竹も人間関係も、上下が節でつながっているおかげで、支え合いながら強く結びつくことができます。

対句になっている「松無古今色」は、**松は季節によって色を変えず、いつも平等**だという意味。この言葉は、上下の関係や違いはあっても、一人一人は平等であると言っています。**両方の大切さを意識しないと、**円滑で実りある人間関係は築けません。

上司や年上や男性だからという理由で、部下や年下や女性に威張りたがる人はいます。それは「上下の節」の意味をはき違えた恥ずかしい態度。そうされたときは**「古今の色なし」という言葉を思い出しつつ、心の中で相手に見切り**をつけましょう。

結論

お互いの「違い」を尊重することが、本当の意味での「平等」につながる。

名言
08

アウグスティヌス

相手の態度に腹が立ったときには、「世の中に腹の立たない人がいるだろうか」と自問自答してみなさい

アウグスティヌス

（カトリック教会の司教、神学者、哲学者／354～430年）

当時のキリスト教の常識に反して、国家を超越してこの世に「神の国」を出現させるものとして教会を位置付けるなど、中世ヨーロッパの根幹となる思想の原型を造った。「西欧の父」とも呼ばれる。

この言葉は、さらに「ありえないことを相手に求めてはいけない」と続きます。腹が立ったということは、言い換えれば、**相手に「私を不快にさせるな」と要求している**ということ。そもそもが無理のある要求だし、自分だってそんなことは不可能です。

腹が立ったときだけではありません。仕事を覚えてくれない、話が通じない、考え方が合わない……など、**目の前の人が、こちらの求めに応えてくれないケース**は山ほどあります。しかし、仕事を完璧に覚えてくれたり、どんな話もすんなり通じたり、考え方がピッタリ合ったりする人なんて、どこにも存在しません。

他人に怒りや不満を感じたときは、「ありえないこと」を相手に求めていないかどうかを考えてみましょう。**相手の求めに応えられていないのは、自分だって同じ**です。多少の至らない部分は、お互いに許し合いたいところ。そのほうが、自分自身もラクになれます。

結論

相手に完璧を求めれば求めるほど、自分自身を窮屈に縛ることになる。

名言
09

ミシェル・ド・モンテーニュ

心にもない言葉よりも
沈黙のほうが、
むしろずっと社交性を
損なわない

ミシェル・ド・モンテーニュ

（フランスの思想家、モラリスト／1533〜1592年）

ボルドー高等法院評定官などを経て、ボルドー市長を4年間務める。人間の本質を深く洞察した著書『随想録』は、モラリスト文学の最高傑作として、のちのフランス文化に大きな影響を与えた。

よく知らない人と二人でいる状況で沈黙が続くと、「なにか話さないと……」と焦ってしまいます。**無理やり「今日は暑いですね」なんて言ってみても、**「そうですね」で終わってしまったら万事休す。なおさら気まずい雰囲気になります。

場つなぎの世間話にせよ、唐突なお世辞にせよ、それをきっかけに**距離が縮まることはまずありません。**無理している気配は相手にも伝わるので、世間話の場合はお互いの緊張感が高まるし、お世辞の場合は**こちらに対する不信感や反発**が高まります。

「すぐに打ち解けて話を弾ませられる人」が、コミュニケーション力が高いと思われがち。自然にできるなら大いにけっこうですが、無理にそうなろうとすると、**ただアタフタしている人やウサン臭い人**になってしまいます。言わなくてもいいことを言ってしまうぐらいなら、**勇気を振り絞って沈黙を選び**ましょう。

結論

時にはあえて何も言わないことも、
大切で有効なコミュニケーション。

名言10

ユダヤのことわざ

嘘はけっして
口にしてはならない。
しかし、真実の中にも
口にしてはならない
ものがある

良好な人間関係を維持する上で大切なのは、お互いの信頼です。相手の信頼を得る必須条件は、嘘をつかないこと。その上で**「たとえ真実でも、相手が言ってほしくないことを口にしない」**という暗黙の約束が守れないと、信頼を得ることはできません。

「本当のことだったら言っても問題ないはずだ」というのは、自分の**「言いたい欲」を優先**させて、相手の気持ちを無視している身勝手な言い種。恥ずかしい過去の失敗や誰かに対する本人には聞かれたくない本音、あるいは秘密の関係など、誰しも**「真実だからこそ口にしてほしくない」ということ**があります。

ただ、**人間はけっして口が堅い生き物ではありません。**誰かが「じつはねえ」と、共通の知人の「口にしてはならない真実」を伝えてくることもあります。そんなときは**自分の中に止めて、できればすぐに忘れ**ましょう。それがせめてもの誠意です。

結論

人間はつい口にしてしまうからこそ、口にしないことが信頼につながる。

名言
11

老子

誰かを深く愛せば、
強さが生まれる。
誰かに深く愛されれば、
勇気が生まれる

老子

（中国、春秋戦国時代の思想家／生没年未詳）

姓は李、名は耳（じ）、字は耼（たん）。道家思想の開祖。『老子（道徳経）』の著者と言われている。儒家が主張する人為的な道徳や学問を否定し、「無為自然」の道を会得する大切さを説いた。

深く愛したり愛されたりする関係は、恋人や夫婦だけとは限りません。**親子でも祖父母と孫でも友だち同士でも同じ**。私たちは誰かを愛し、誰かに愛されることで、**人生という暗闇の中を歩いていく強さや勇気**を授かっています。

老子は「真の道」は、人が作った道徳以前から存在する自然のものだと説きました。愛によって生まれる強さや勇気は、教わって認識するものではありません。老子の思想を拡大解釈すれば、**人間はもともと「そういうふうにできている」**と考えていいでしょう。

とくに恋愛関係の場合、愛が一方通行で終わることも多々あります。実るかどうかは些細なこと。**愛したことで強くなり、愛されたことで勇気を授かった**はずです。望ましくない結果となった愛にも、しっかり感謝しつつ区切りをつけましょう。そうすることで、また次の「強さや勇気の素」を呼び込むことができます。

結論

親子も夫婦も愛し愛されることで、強さと勇気を無限に生んでいる。

名言12

アリストテレス

「垣根」は相手が作っているのではなく、自分が作っている

アリストテレス

（古代ギリシャの哲学者／前384〜前322年）

ソクラテスやプラトンと並ぶ偉大な哲学者。その後のヨーロッパの学問に大きな影響を与えた。幅広い学問の体系を築いたことから「万学の祖」とも呼ばれる。『形而上学』『ニコマコス倫理学』など著書多数。

職場でもプライベートでも、「苦手」と感じる人はいます。話しかけづらかったり、話してもギクシャクしたり……。そうしているうちに、**相手が自分に対してマイナスの感情を抱いている**気がしてきて、ますます苦手意識がふくらみます。

それはまさに、**自分で「垣根」を高くしている**行為。遠慮がちに話しかけていたら、相手だってギクシャクした受け答えになってしまいます。自分の領域に踏み込まれるのが怖くて、分厚い「垣根」を築き続けているケースも少なくありません。**相手に原因を求めるのをいったんやめて、**自分の「垣根」を取り払ってみましょう。

それでも「苦手意識」がなくならない場合もあります。**すべての人と仲良く接することはできません。**相手ごとにちょうどいい距離感で、誰とでもフラットな気持ちで付き合うことも、目障りな「垣根」を意識しない人付き合いの秘訣です。

結論

無理に距離を縮めようとすると、それはそれで「垣根」が生まれる。

名言
13

グルジアのことわざ

トゲに刺されること
なくして
バラを摘んだ者はいない

心惹かれる相手がいても、フラれるのが怖くて気軽にはアプローチできません。仕事ができる同僚と距離を縮めたくても、どう話しかけていいかわからずに日々が過ぎていきがち。どんな状況にせよ、**新しい人間関係を築くには勇気が必要**です。

一歩を踏み出しても、期待するような反応が返ってこないときもあります。しかし**「トゲに刺される痛み」を恐れていたら、**恋人にせよ同僚にせよ、あるいは友達にしてもママ友やパパ友にしても、新しい人間関係という**「美しいバラ」は手に入りません。**

摘むときにトゲに刺されても、そのバラが美しいことに変わりないというのも大切なポイントです。人間関係には食い違いやすれ違いは付きもの。**「チクッ」としたからといって、もうこのバラはいらないと拒絶する**のはもったいない話です。小さな痛みには気づかなかったフリをしつつ、新しいバラの魅力を楽しみましょう。

結論

トゲの小さな痛みがあるからこそ、新しい人間関係は刺激的で楽しい。

名言
14

エイブラハム・リンカーン

会って直に話すのが、悪感情を一掃する最上の方法である

エイブラハム・リンカーン

（アメリカの政治家、弁護士／1809〜1865年）

第16代アメリカ合衆国大統領。黒人奴隷を解放し、「奴隷解放の父」と呼ばれる。「人民の、人民による、人民のための政治」という民主主義の原理を示す言葉を残した。観劇中に暗殺される。

リンカーンは、今のメールやLINEが全盛の時代を予見していたのでしょうか。この言葉は**「文字によるコミュニケーション」の危険性**を言い表しています。ご承知のように、メールやLINEによるやり取りは、思いがけない誤解を生じがち。

文面にカチンと来て文字で反論しても、たいていは逆効果。ますます**話がこじれて、お互いの「悪感情」がふくらみ**ます。それはわかっているのに、早く反論したい、弁解したいという気持ちが先走ってしまうのか、文字のやり取りを止められません。

文字のやり取りが元で「悪感情」が生まれた場合は、可能な限り、会って直に話しましょう。顔を合わせるのを恐れて、**文字のやり取りでどうにかしようとしても、事態は悪化するばかり**です。すぐに会えない場合も、電話など文字以外の方法で気持ちを伝えたいところ。文字でのやり取りの限界を知っておくことも大切です。

結論

顔を合わせずに済む時代だからこそ、顔を合わせる大切さを再認識したい。

日本のことわざに生きる智恵を学ぶ①

人間関係編

あまり知られていない「ことわざ」から、人間関係にまつわる智恵が詰まった「名言」をピックアップしました。

愛してその悪を知り憎みてその善を知る

好き嫌いの感情に惑わされずに、相手の本質を冷静に見極めたい。

打つも撫でるも親の恩

親が子どもに対して行なうことは、すべて愛情の表れである。

遠慮は無沙汰

遠慮して連絡を控えていると、そのまま疎遠になってしまいかねない。

陰《かげ》に居て枝を折る

木陰で涼んでいた人が枝を折ってしまうように、恩人を傷つけること。

片手で錐《きり》は揉《も》めぬ

ほかの人と協力しないと、何事も成し遂げることはできない。

杖に縋《すが》るとも人に縋るな

安易に他人を当てにせず、まずは自分で努力することが大切である。

人と屏風《びょうぶ》はすぐには立たず

屏風は折り曲げないと立たない。人もある程度の妥協が必要である。

2
章

自信がわいてくる言葉

名言
01

英雄は自分の
できることをした人だ。
ところが凡人は
そのできることをしないで、
できもしないことを
望んでばかりいる

ロマン・ロラン

ロマン・ロラン

（フランスの小説家、評論家／1866〜1944年）

ファシズムを鋭く批判するなど平和主義者として活躍。その思想と芸術は今も世界中に大きな影響を与えている。おもな作品に『ジャン・クリストフ』『魅せられたる魂』『トルストイ伝』など。

世の中には、素晴らしい活躍をした人がたくさんいます。そういう人を見ると**「自分には真似できない」「自分なんて足元にも及ばない」**と、己の凡人っぷりを思い知らされずにいられません。「立派な人」と自分は、何が違うのでしょうか。

ロマン・ロランは、「英雄は自分ができることをした人だ」と言います。誰にでも「自分ができること」はあるはず。私たち凡人も**「自分ができること」に全力を尽くすこと**はできます。全力を尽くす大切さや尊さは、英雄も偉人も凡人も変わりありません。

ところが、凡人は「できもしないこと」を望んだり語ったりして、「できること」から目をそらしがち。**大きな夢を持っていれば、大きなことをしているかのような錯覚**を抱けます。現実から逃避して甘美な夢を抱いている場合ではありません。自分に「できること」を見つけて、今日から取り組みましょう。

結論

全力で「自分にできること」をやり遂げれば、誰もが「英雄」になれる。

名言 02

世界には君以外には誰も歩むことのできない唯一の道がある。その道はどこに行きつくのかと問うてはならない。ひたすら進め

フリードリヒ・ニーチェ

フリードリヒ・ニーチェ

（ドイツの哲学者・古典文献学者／1844〜1900年）

実存主義を代表する思想家の一人。神の死、ニヒリズム、ルサンチマン、超人など独自の概念に基づいて、「生の哲学」と呼ばれる思想を生み出した。著書に『ツァラトゥストラはかく語りき』など。

あなたの人生は、あなた自身のものです。誰にも真似できないし、**誰かと比べる必要もありません。**ほかの誰かの人生も、その人のものであり、その人にしか歩むことができません。あなたは今、**世界中で一本しかない、あなただけの道**を歩んでいます。

「決められたレールの上を歩く」という言い方があります。型にはまった人生を指す言葉ですが、**レールの幅もそこから見える景色も人によって大きく違う**はず。途中にどんな駅があるか、終点がどこかも、人それぞれです。行きつく先がわからなくても、だから楽しいと思って前に進んでいくしかありません。

あなたが歩む道のりこそが、あなたにしか歩めないあなたの人生です。**行きついたところは、あなたにしかたどり着けない場所**です。胸を張って、ひたすら歩き続けましょう。私たちは誰しも、自分にとって「いちばんの道」を進んでいるんですから。

結論

進んでみてはどこかに行きつく——。
その繰り返しを楽しむのが人生かも。

禅語

鶏寒《とりさむ》くして木《き》に上《のぼ》り
鴨寒《かもさむ》くして水《みず》に下《くだ》る
（鶏寒上樹鴨寒下水）

目標は同じでも、達成する方法は人それぞれ。「仕事がデキるようになりたい」と考えたときに、**上司や先輩に教えを乞う人もいれば、通信教育を申し込む人も**います。「モテたい」と思って、スポーツクラブに入会する人もいれば、書店に行く人もいます。

寒い日に、鶏は木の上で身を縮め、鴨は水に浮かんで耐えます。昔、ある高僧が、修行中の僧に**「悟りの境地に達するには、祖師の教えと経典の教義のどちらを重視すべきか」**と尋ねられて、こう答えたとか。人によって、適した方法は違うという意味です。

目標に向かって頑張っているときに、誰かから「そのやり方はダメだ」と言われても、気にする必要はありません。**あなたが選んだやり方は、今のあなたにもっとも適したやり方**です。ただし、意固地になる必要はありません。「なんか違う」と感じたら、それは考え直すタイミングなのかも。やり方を変える勇気も大切です。

結論

物事の「正解」は、ひとつではない。
自分にとっての「正解」を探そう。

名言
04

愚かな人は勉強を軽蔑し、
単純な人は勉強を
無条件でほめたたえ、
賢い人は勉強を利用する

フランシス・ベーコン

フランシス・ベーコン

（イギリスの哲学者・政治家／1561〜1626年）

政治の世界で要職に就くが失脚。その後は、研究と著述に専念。観察と実験を重視する帰納法を説き、近代科学の基礎を確立した。イギリス経験主義の祖。「知は力なり」という名言を残した。

何のために勉強するのか？　その答えはさまざま。読み書きや計算を身に付ける、知識を得る、先人の考えを知る、広い世界に触れる……。もちろん、受験や資格の取得のための勉強もあります。**どれも正解だし、それぞれに優劣はありません。**

ともあれ、勉強はとても大切です。しかし、勉強をつらいと感じていたり、思ったように結果が出なかったりする状況では**「勉強なんてしても仕方ない」という気持ちになりがち。**それは現実逃避であり、勉強に身が入らない自分を正当化しているだけです。

どんな勉強にせよ、勉強は裏切りません。今、やるべき勉強がある場合は、全力で取り組みましょう。ただし、勉強さえしていれば大丈夫とは言えないのも、ひとつの真理。**勉強に没頭することが、一種の現実逃避になってしまったら本末転倒**です。勉強は軽蔑するものでも崇拝するものでもなく、ただの手段に過ぎません。

結論

勉強は積み重ねることも大切だが、どう利用するかはもっと大切である。

名言
05

過ちてあらためざる、
これを過ちという

孔子

孔子

（中国、春秋時代の学者、思想家／紀元前551〜紀元前479年）

儒教の祖。才徳は早くから知られ、壮年になって魯に使えたが、官を辞したあとは諸国を遍歴。人の道を説いて回った。その教えは、弟子が言行を記した『論語』などで後世に伝えられた。

失敗をしない人はいません。間違わない人もいません。とはいえ、仕事でミスをしたり不用意なひと言で誰かを怒らせたりすると、**落ち込んで自分を責めたく**なります。生きていくことに自信を失ってしまうケースもあるでしょう。

「自分はダメな人間だ」と思ったときは、孔子の言葉を思い出してください。孔子は**「過ちをあらためられないことこそが『過ち』なんだ」**と言います。失敗や間違いを受け止めて落ち込むことは、過ちをあらためるための第一歩にほかなりません。

十分に落ち込んで反省したあとは、何がいけなかったのか、これからどうすればいいのかをしっかり考えましょう。**失敗を糧に自分をあらためることができたら、その失敗は「過ち」ではなくなります。**責任転嫁をしたり自己弁護に精を出したりするのは最悪。より大きな「過ち」を重ねることになります。

結論

失敗を恐れる必要はないが、失敗を直視できない自分は厳しく責めたい。

名言 06

ナシ族のことわざ

咲くのが早い花は
しぼむのも早い。
すぐにこぼれ落ちない
松葉が寒い風にも耐える

歌人の石川啄木も「友がみな我よりえらく見ゆる日よ花を買ひ来て妻と親しむ」という歌を詠みました。**誰しも他人と自分を比べて、落ち込むこと**はあります。たとえ現時点では、友のほうがえらく見えていたとしても、気にする必要はありません。

人には**それぞれのペースがあり、それぞれの花の咲かせ方**があります。もちろん、他人が早く咲かせた花を見て「さっさとしぼめばいいのに」と願う必要はありませんが、**自分には自分の花があり、時期が来れば必ず咲かせることができる**と信じましょう。

冒頭で紹介した石川啄木も、泣き言を言ってはいますが、こうして後世にその名と作品を残しています。**えらく見えた友の中で、啄木ほど見事な花を咲かせた人はいない**でしょう。落ち込んだときに、一緒に花を愛でて語らってくれる妻の存在も、きっと大きな力になってくれたに違いありません。

結論

他人の花は美しく華やかに見えるが、自分の花もけっして引けを取らない。

名言
07

あなたの強さは
あなたの弱さから
生まれる

ジークムント・フロイト

ジークムント・フロイト

（オーストリアの心理学者、精神科医／1856〜1939年）

精神分析学の創始者。人間の内面には「意識」と、存在を把握できていない「無意識」があると唱え、深層心理学を確立。無意識論、エロス論などは、理性に基礎を置く西洋思想に衝撃を与えた。

あなたは「強い人間」か「弱い人間」か？　迷いなく「自分は強い人間だ」と答えられる人は、恐縮ですが、ちょっと危なっかしいかも。**遠慮がちに「弱い人間かなあ」と答える人のほうが、むしろ強さを秘めているように感じます。**

たまたま今までは順調な人生を歩んできて、「自分は強い」と思っていたとしても、いつか必ず壁にぶつかるでしょう。**根拠の乏しい「強さ」は、そんなときは意外にもろいもの。**自信を無くして、なかなか体制を立て直せないかもしれません。

「自分は弱い」と思っている人は、壁にぶつかっても、自分の非力を素直に受け入れられます。何が足りないのか、どうすれば少しでも強くなれるのか、しっかり考えられるし行動も起こせるでしょう。**自分の弱さを思い知らされるたびに、どんどん強くなる**ことができます。あなたの弱さは、大きな武器にほかなりません。

結論

自分の弱さを認められるのは、あなたが強いことの証である。

名言
08

満身の力を込めて
現在に働け

夏目漱石

夏目漱石

（小説家、英文学者／1867〜1916年）

イギリスに留学後、一高、東京帝大で英文学を講義。『吾輩は猫である』で作家デビュー。その後、朝日新聞の専属作家となる。近代人の孤独やエゴイズムを追求。著書に『草枕』『こころ』など。

今の仕事を続けていていいのだろうか――。誰しも、そんな迷いを抱くことがあります。仕事だけではありません。勉強に対しても、**「この選択でよかったのかな」「幸せな未来につながっているのかな」**と迷うことはあるでしょう。

この言葉には、前置きがあります。フルバージョンは**「妄《みだ》りに過去に執着するなかれ、いたずらに将来に望を属するなかれ、満身の力を込めて現在に働け」。**過去や未来のことを考えても、ますます迷いが深まるばかり。人生に手ごたえを感じるためにできるのは、今やっている仕事や勉強などに「満身の力」を込めることだけです。

満身の力を込めて目の前のことをやり続けられたら、**どんな結果になっても満足できる**はず。予想とは違う展開だったとしても、人生に悔いが残ることはありません。しかし、現在を疎かにしていたら、**どんな結果にも不満を覚えてしまう**でしょう。

結論

過去や未来について考えがちなのは、今すべきことをサボりたいからかも。

名言
09

親切は
社会を結びつけている
黄金の鎖である

ドイツのことわざ

私たちは「人に親切にするのはいいこと」だと知っています。しかし、適切なタイミングで適度な「親切」を実行するのは、簡単ではありません。**ひとつ間違えると「おせっかい」になってしまうし、**相手にかえって気をつかわせてしまう心配もあります。

「親切にするリスク」を数え上げてしまうと、同僚が沈んだ顔をしていたり街で困っている人を見かけたりしても、すんなり声をかけられません。**親切を実行するには勇気が必要**なので、その勇気が出せないと「親切にしても自分が損をするだけ」と、**親切をしなくて済む口実にすがり着く**こともあります。

躊躇《ちゅうちょ》せず、どんどん親切を実行しましょう。あなたの親切は、長い目で見れば何倍にもなって返ってくるし、たとえ返ってこなくても**「親切にした喜び」は確実に味わえる**はず。みんなで「黄金の鎖」を増やして、誰もが幸せな社会を築きたいものです。

結論

親切という鎖の結びつきがなければ、社会はバラバラになって形を失う。

名言
10

非難は愚者でもできる。
理解は賢者しかできない

デール・カーネギー

デール・カーネギー

（アメリカの作家、講演家／1888〜1955年）

中古車のセールスマンなどを経て、社会人向けの夜間学校で弁論術講座を担当。たちまち人気講師に。著書『人を動かす』『道は開ける』などを通じて、ビジネスパーソンに影響を与え続けている。

どんなまっとうな意見に対しても、**文句を付ける人は必ずいます。**会社に並々ならぬ貢献をしたり多くの人に喜んでもらえたりした行為だって、**批判がゼロということはありません。**たとえ的外れな文句でも、言われたらそれなりに落ち込みます。

ましてネットやSNSは、**非難が生きがいになっている人**だらけ。リアルの世界でも、中身を理解していないのに、とりあえず非難して自分を大きく見せようとする人がいます。そんな無意味な非難を受けたときは、**「非難したいだけのあの人たちは、筋金入りの愚者であるなあ」**と呟きつつ、心のバリアを築きましょう。

あなたがどんなに大切な意見を言ったか、あなたがどんなに困難で意義のあることをやったか、誰よりも理解しているのはあなた自身です。そして、**あなたを理解してくれる〝賢者〟は必ずいます。**そんな〝賢者〟からの苦言には、きちんと耳を傾けましょう。

結論

非難すると人は己が賢いと錯覚する。
実際は非難するたびに愚かさが増す。

名言
11

アンドリュー・カーネギー

自分は有用の材なり
との自信ほど、
彼に有益なる
ものはあるまい

アンドリュー・カーネギー

（アメリカの実業家／1835〜1919年）

電報配達の仕事で頭角を現わし、寝台車の製造など多くの事業を起こす。やがてカーネギー鉄鋼会社を創業。巨万の富を得て「鉄鋼王」と称された。慈善事業にも力を入れ、「慈善王」とも呼ばれた。

日本には**「謙譲の美徳」という概念**があります。仕事に関しても、自分はこんなに有能だ、こんなに役に立つとアピールするより、自分なんて何もできないと謙遜するほうが、美しい態度であり、人として尊敬されるという考え方です。

たしかに、中身がないのに自慢ばっかりしている人は、評価も信用もされません。しかし、うぬぼれや過大評価ではない範囲で**「自分は役に立つ」と自信を持つことは、とても大切。**その気持ちは、仕事の壁や苦難に立ち向かう上で、大きな力となるでしょう。

謙遜は、時に**「自分を甘やかす言い訳」**になりかねません。難しいことに挑もうとしたときに、「自分なんて」という謙虚な気持ちが足を引っ張ることもあります。周囲にアピールする必要はありませんが、**心の中では「自分ならできる」と自分を信じましょう。**たとえ勘違いでも、ヤル気がみなぎる効果は確実にあります。

結論

できない理由やしたくない理由にする「謙譲」は、「美徳」ではない。

名言
12

ゆっくり歩いて
休まない。
そんな人には
誰もかなわない

バングラデシュのことわざ

大勢で、同じ道を歩き始めたとします。いきなり「お先に」と先頭に出ていく人もいるでしょう。大股で力強く歩んで、周囲の注目を集める人もいるでしょう。**目立っている人を見ると、自分は大丈夫だろうか**……と心配になります。

大切なのは、自分のペースで歩き続けること。**足を止めない限り、いつかは先に行った人に追いつきます。**ゆっくり歩いている分、急ぎ足で進んで行った人や、「ちょろい道だ」と油断して歩んで行った人が見過ごした風景も、胸に刻み込むことができるでしょう。しかも、長く歩いているあいだに多くのことを学べます。

仕事も勉強も趣味も同じ（もしかしたら恋愛や結婚も）。さっさと進むかゆっくり進むかは、タイプが違うだけで優劣はありません。**ゆっくりしか歩けないのは、むしろ誇らしいこと**です。歩き切ったときには、「誰もかなわない」人になっているでしょう。

結論

早々に活躍したり結果を出したりするタイプに限って、息切れも早い。

名言
13

芥川龍之介

だから皆
ゲーテになる気で
精進することが
必要なのだ

芥川龍之介

（小説家／1892～1927年）

東京帝大在学中に発表した『鼻』が、夏目漱石に激賞される。その後『羅生門』『杜子春』などを次々に発表し、文壇の寵児となる。近代短編小説の可能性を切り開いた。強度の神経衰弱に陥って自殺。

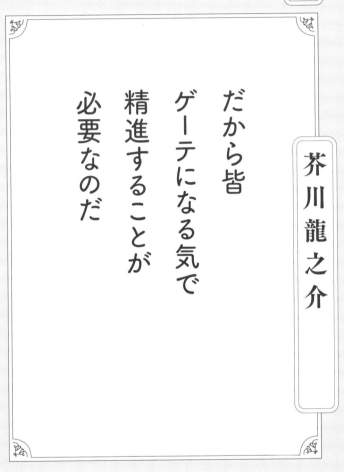

ゲーテは、ドイツの文学者・詩人。芥川龍之介が深く尊敬する人物です。これは**「人間は自然の与えた能力上の制限を越えることはできぬ。そうかといって怠けていれば、その制限の所在さえ知らずにしまう。」**に続く言葉です。

人間は、どう頑張っても空を飛ぶことはできません。そして、誰もがビジネスで成功したり、芸術の分野で成果を残したりできるわけでもありません。ただ、自分の能力には限界があるからといって**「頑張ってもたかが知れてるから」「どうせ○○には勝てないから」と怠けてしまう**のは、じつにもったいない話です。

能力や環境に制限があるからこそ、高い目標や理想を掲げて、そこに向かって精進することが大切。「やるだけやった」と思えれば、**自分なりの「制限の所在」を知った上で、満足感を覚えられる**でしょう。それは、ゲーテになる以上に素晴らしいことです。

結論

目標に向かって精進を重ねることが、自分の能力を生かす唯一の道である。

名言
14

一隅を照らす、
此れ則ち国宝なり

最澄

最澄

（平安時代初期の僧／766～822年）

天台宗の開祖。東大寺で僧となったが、当時の仏教のあり方に疑問を抱き、比叡山で一人修業を重ねた。遣唐使節団の一員として唐にわたり、天台宗の教えを受けて帰国し、新しい宗派を起こした。

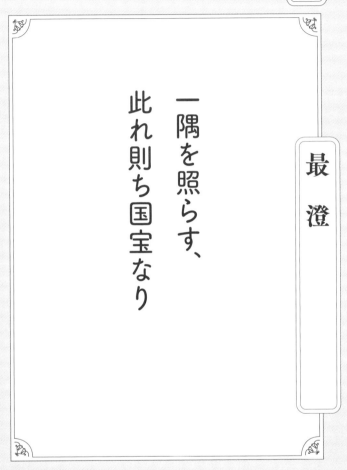

天台宗の基本となる教えが込められた言葉です。一人一人が自分のいる場所で、**自らが光となるような行動を心がけてまわりを照らせば、その小さな灯が集まって国中が明るくなる**という意味。「一隅」には、目立たない場所という意味もあります。

強い光をはなつ人になる必要はありません。もしそんな人が近くにいたら、**まぶしいばかりでむしろ迷惑**でしょう。自分の役割を全力で果たし、身近な人を助け、誰に対してもやさしい態度で、正直に誠実に生きることこそが「一隅を照らす」ということです。

そもそも私たちにできるのは、**「自分が今いる場所で全力を尽くす」こと**だけ。華やかに活躍している人も、その人がいる場所でその人なりに全力を尽くした結果、たまたまその役割を果たしているだけです。**照らしている範囲の広さを比べて、引け目を感じる**必要はありません。自分の「一隅」を大切にしましょう。

結論

一隅を照らせば、その光が反射して何より自分自身が輝くことができる。

日本のことわざに生きる智恵を学ぶ②

仕事編

あまり知られていない「ことわざ」から、仕事にまつわる智恵が詰まった「名言」をピックアップしました。

浅い川も深く渡れ

浅い川でも油断せず、深い川のつもりで慎重に渡ることが大切である。

枝を矯《た》めて花を散らす

小さな欠点を直そうとすると、大きな魅力や本来の能力を損なう。

凝っては思案に能《あた》わず

熱中し過ぎると視野が狭くなり、むしろよい知恵が浮かばない。

蕎麦の花見て蜜を取れ

何事も時機が大切で、あわてて事を行なっても成果は望めない。

小さくとも針は呑《の》まれぬ

小さいからといって軽く見たり、粗雑に扱ったりするのは禁物である。

鳴く猫は鼠を捕らぬ

口数が多い人や理屈をこねる人ほど、行動が伴わず役に立たない。

櫓《ろ》櫂《かい》の立たぬ海もなし

どんなに困難と思える状況でも、必ず打つ手はあるということ。

3章

心が軽くなる言葉

名言
01

ウィリアム・シェイクスピア

他人もまた同じ悲しみに
悩んでいると思えば、
心の傷は癒されなくても
気持ちは楽になる

ウィリアム・シェイクスピア

（イギリスの劇作家・詩人／1564～1616年）

多くの戯曲や詩を後世に残した。今も広く愛読され、世界各地で上演されている。おもな作品に「ハムレット」「マクベス」「オセロ」「リア王」の四大悲劇、「真夏の夜の夢」「ベニスの商人」など。

生きている限り、悲しいことやつらいことと無縁ではいられません。身内や友だちが亡くなった、愛する人と別れた、努力が報われなかった、仕事で大失敗した……。**気持ちがどん底まで沈んでいるときは、今の悲しみが永遠に続く気がしてしまう**でしょう。そして「どうして自分だけ」と思ったりもします。

「時間」という特効薬が効いてくるのをじっと待つ、**おいしいものを食べたり楽しいことをしたりして気を紛らわせる**など、私たちはさまざまな方法で悲しみを追っ払おうとします。シェイクスピアが提唱するこの方法も、きっと大きな効果があるはず。

「同じ悲しみ」を抱えているのは、自分だけではありません。**世の中にはたくさんの〝仲間〟がいます。**だからといってすぐに悲しみが消え去るわけではありませんが、**「ひとりじゃない」**と思うことで、勝手に心強さを感じてしまいましょう。

結論

「自分だけではない」と思うことで、悲しみに立ち向かう勇気を得られる。

名言
02

ユダヤのことわざ

自分より賢い者に
負けるほうが、
自分より愚かなものに
勝つよりも得である

負けるのは、楽しいことではありません。失敗するのも、嬉しいことではありません。しかし、**負けるのが嫌だからと勝負を避けたり挑戦をやめたり、**あるいは、勝てそうな勝負や簡単な挑戦しかしないのは、とても「損」な生き方です。

勝負や挑戦は、**立ち向かったこと自体に大きな意味**があります。望みどおりの結果にならなくても、悔しい気持ちや「もっとできたのに」という後悔の念を抱けたこと、そして自分の力を客観的に突き付けられたことは、**貴重な糧**になるでしょう。

あっさり勝ったり成功したりしても、長い目で見るとそれは自分にいい影響を与えません。**負けたことや失敗したことに、むしろ感謝しましょう。**相手の賢さや強さを認めて、謙虚に学んでしまいましょう。そうすることで、またさらに大きな相手と勝負し、さらに高い目標に挑戦していく自分になれます。

結論

今回の負けは、次により賢い相手と戦って勝つためのプロローグである。

名言
03

ヨハン・ヴォルフガング・フォン・ゲーテ

寛容になるためには
年をとりさえすればよい

ヨハン・ヴォルフガング・フォン・ゲーテ

（ドイツの詩人・小説家・劇作家・政治家／1749〜1832年）

25歳で発表した小説『若きウェルテルの悩み』で一躍名声を博す。『ファウスト』などの戯曲や詩の分野でも多くの名作を残した。その芸術や思想が後世に与えた影響は大きい。政治家としても活躍。

この言葉には続きがあります。それは**「人が過失を犯すのを見ると、私もかつて犯した過失ばかりである」**というフレーズ。年齢を重ねると、他人の失敗を見ても「自分も同じ失敗をしたことがあるなあ」と思って、寛容になれるという意味です。

若い頃は他人の失敗を見ると、「どうしてちゃんとやれないんだ」「なぜわからないんだ」と、腹を立てがち。しかし、自分もたくさんの失敗を重ねるうちに、**「人は失敗するものだ」と思い知らされます。**しかも、失敗のパターンは似たり寄ったり。

今、誰かの「過失」に腹を立てている人も、胸に手を当てて考えてみましょう。きっと身に覚えがあるはず。そして、**自分がどんなに腹を立てても、事態は改善しないし当人も救われません。**年齢はすぐには重ねられませんが、とり急ぎゲーテの言葉を噛みしめて、寛容になる後押しをしてもらいましょう。

結論
誰かに激しく腹を立てること自体、やりがちな「過失」のひとつである。

名言
04

夏目漱石

運命は
神の与えるものだ。
人間は人間らしく
働けばそれで結構だ

夏目漱石

（小説家、英文学者／1867〜1916年）

イギリスに留学後、一高、東京帝大で英文学を講義。『吾輩は猫である』で作家デビュー。その後、朝日新聞の専属作家となる。近代人の孤独やエゴイズムを追求。著書に『草枕』『こころ』など。

毎日毎日、精いっぱい働いても、苦労が形になって報われるとは限りません。周囲や世の中を見わたせば、たいして苦労せずにうまくいっているように見える人もいます。**「いい結果につながらなかったら苦労が無駄になる」**「報われる保証がないのに頑張れない」と思うこともあるでしょう。

そんなことはありません。私たちは、何のために頑張っているのでしょうか。もちろん、努力や苦労が報われることは、頑張る目的のひとつ。それ以上に大事なのは、**「頑張るべきことを頑張る自分であること」**ではないでしょうか。

つまりは、漱石の言う「人間らしく働く」ということ。**その先に待つ運命は、神様が与えてくれるもの**です。自分ではどうにもできません。何はさておき、自分らしく人間らしく働きましょう。それができれば、どんな結果も素直に受け入れられるはずです。

結論

全力を尽くすという人間らしさを発揮した人の頭上に、運命は微笑む。

名言
05

ラ・ロシュフコー

社交においては
我々の優れた
特性によってより、
むしろ欠点によって
気に入られることが多い

ラ・ロシュフコー

（フランスのモラリスト文学者／1613～1680年）

正式な名前はラ・ロシュフコー公爵フランソワ6世。名門のフランス貴族であり、多くの戦いに参加したが、政争に敗れて隠退する。その後はサロンで活動し、著書『箴言集』で後世に名を残した。

ロシュフコーの言葉は、ちょっと皮肉っぽいけど真理を突いています。ここで言う「社交」は、**人間関係全般**と解釈していいでしょう。たしかに、誰かを気に入る場合、その人の「優れた部分」が理由になっているわけではありません。**むしろ、欠点をきっかけに惹かれることが多い**のではないでしょうか。

周囲の人と自分を比べて、「自分は何の取り柄もないし、欠点だらけだし……」と、コンプレックスを覚えることがあるかもしれません。しかし、周囲を見わたすと、**「優れた特性」を持っている人が多くの人に好かれているとは限らない**はずです。

欠点を嘆く必要はありません。それこそが、あなたのチャームポイントです。開き直るのではなく、長所も短所も素直に受け止めましょう。**「こういう自分ですけど、どうぞよろしく」**という謙虚な姿勢で人と接することができる人は、とても魅力的です。

結論

他人の欠点も、大らかな気持ちで「その人の魅力」と受け止めたい。

名言 06

ハンガリーのことわざ

逃げるのは恥だが
役に立つ

人気ドラマと、その原作となった漫画のタイトルとして、日本でも広く知られているフレーズです。もともとはハンガリーのことわざで、**「自分の戦うべき場所を見つけるために、時には逃げることを選ぼう」**という意味。

今いる場所で頑張ることも、途中で投げ出さないことも、もちろん大切です。ただ、もっと大切なのは、**自分が持ち味や実力を発揮して、やりがいのある毎日を過ごせる**こと。その苦労に意味があるのか、苦労することで自分が進みたい方向に進めているのか、時々は立ち止まって考えてみることが大切です。

「ブラック企業」や「パートナーのDV（ドメスティック・バイオレンス）」が典型ですが、あなたを心身ともに痛めつけるだけの場所から逃げるのは、恥でも何でもありません。**胸を張っていい勇気ある行動**です。逃げることで新しい未来を切り開きましょう。

結論

逃げることを「恥」だと責める人は、あなたを都合よく利用したいだけ。

名言
07

アルフレッド・テニスン

恋をして
恋を失ったほうが
一度も恋をしなかった
よりもましである

アルフレッド・テニスン

（イギリスの詩人／1809〜1892年）

急死した親友に捧げる哀悼詩『イン・メモリアム』で注目を集める。美しい韻律と叙情性に富んだ作風で、ビクトリア朝を代表する詩人となる。著書に、アーサー王伝説を元にした『国王牧歌』など。

激しい失恋をすると、人生にも世の中にも自分自身にも絶望して、二度と立ち直れない気になったりします。こんなつらさを味わうぐらいなら、**そもそも恋なんてしなければよかった**と思うこともあるでしょう。

そんなことはありません。やがて時間が経てば、テニスンのこの言葉を「たしかにそうだな」と素直に受け止められるはず。たとえ失ったとしても、**「恋をした」という体験や記憶は、あなたにとって大切な宝物**になってくれます。失ったからこそ、結果的にさらに輝きを増すという一面もありそうです。

今まさに、失恋の傷の痛みに苦しんでいる人は、とりあえず今日一日を耐え抜いてください。**明日も明後日も「とりあえず今日を耐え抜く」**ことを続ければ、少しずつ傷は癒えていきます。そして気が付くと、いつの間にか「いい思い出」になっているでしょう。

結論

失った恋を糧にして新しい恋を実らせれば、過去の恋も報われる。

名言
08

勝海舟

行ないは俺のもの、
批判は他人のもの、
私の知れたことではない

勝海舟

（幕臣・政治家／1823〜1899年）

長崎海軍伝習所で学び、咸臨丸艦長として渡米。のちに軍艦奉行として、坂本龍馬らを教育。戊辰戦争では西郷隆盛を説得し、江戸城の無血開城に成功。新政府でも枢密顧問官など要職を歴任した。

江戸から明治へと大きく世の中が変わる中で、重要な役割を果たした勝海舟。**従来の常識では測れないことを次々と行なっただけに**、さぞ批判も多かったことでしょう。しかし、彼はこの言葉のように、胸を張って信じる道を歩き続けました。

誰がどんな批判をするかは、**自分にはコントロールできません。**自分にできるのは、自分の信念に基づいて全力で頑張ることだけです。それは勝海舟に限らず、誰しも同じ。批判をする側は、**結果に責任を持つつもりはない**し、こっちを心配しているわけでもありません。多くの場合は、ただ言いたいだけです。

批判の中にも、気が付かなかった視点が入っていたりなど、**たまには有益な情報が潜んでいることがあります。**それはそれで、ありがたく参考にさせてもらいましょう。ちょっとした批判に過敏になるのは、やっていることに自信がないからかもしれません。

結論

批判を気にしているヒマがあったら、自分の「行ない」を厳しく律しよう。

名言
09

朝鮮のことわざ

子を育てることを
覚えてから
嫁に行く女がいるか

新しい仕事を始めたり、新しい環境に飛び込んだりするのは、とても不安です。**「ちゃんとやれるだろうか」「うまく馴染めるだろうか」**と考えれば考えるほど、身体がすくんでしまいがち。結局のところは、飛び込んでみるしかありません。

勇気を振り絞って不安を乗り越え、新しい仕事や新しい環境で頑張ることによって、**自信が持てるし成長もできます。**「ちゃんとできる見通しが立ってから」「もっと実力をつけてから」と言っていたら、いつまでたっても行動を起こせません。

進学にせよ就職にせよ転職にせよ、あるいは結婚にせよ離婚にせよ新しい恋愛にせよ、**新しい自分に脱皮するためには「飛び込む勇気」が必要**です。このことわざは、不安だからと尻込みしていることの無意味さを言い表していると言えるでしょう。失敗したってかまいません。**失敗もまた、あなたを成長させてくれます。**

結論

十分に準備を整えることは大事だが、完璧な準備を目指すと動き出せない。

名言
10

フリードリヒ・ニーチェ

人は常に
前へだけは進めない。
引き潮あり、
差し潮がある

フリードリヒ・ニーチェ

（ドイツの哲学者・古典文献学者／1844〜1900年）

実存主義を代表する思想家の一人。神の死、ニヒリズム、ルサンチマン、超人など独自の概念に基づいて、「生の哲学」と呼ばれる思想を生み出した。著書に『ツァラトゥストラはかく語りき』など。

もしも海の潮が満ちる一方だったら、やがて世界中が海中に沈んでしまいます。実際には、引き潮（下げ潮）があれば差し潮（上げ潮、満ち潮）もあるので、そんなことにはなりません。**人も、上り調子のときもあればその逆もあります。**

仕事で壁にぶつかったり、予想外のアクシデントが起きたりしたときには、この言葉を噛みしめましょう。調子よく行っている場合も、この言葉を思い出して**「いい状態はいつまでも続かない」と自分を戒めたい**もの。引き潮のときも差し潮のときも、状況に応じた泳ぎ方で、人生という荒波を乗り越えていきましょう。

悪いことが起きたときに、「こんなはずじゃない」と現実から目をそらしたり、誰かや何かのせいにしたりするのは禁物。ますます勢いよく潮が引いていくでしょう。そして、いいことが起きたときには、**感謝の気持ちを忘れないようにしたい**ものです。

結論

前に進めない状況になったとしても、そのうち必ず潮目は変わってくれる。

名言
11

デール・カーネギー

恐怖を克服する
決心をしさえすれば、
大抵の恐怖は克服できる。
恐怖は人の心の中にしか
存在しないからだ

デール・カーネギー

（アメリカの作家、講演家／1888～1955年）

中古車のセールスマンなどを経て、社会人向けの夜間学校で弁論術講座を担当。たちまち人気講師に。著書『人を動かす』『道は開ける』などを通じて、ビジネスパーソンに影響を与え続けている。

ここで言う「恐怖」は、オバケが怖いといった類いの気持ちではありません。それも含まれるかもしれませんが、**将来に対する不安や、仕事で予想される苦難、あるいは大切な人を失う心配**などを指していると解釈していいでしょう。

ネガティブな想像は、いったん抱き始めると、どんどんふくらんでいきがち。しかも、不安や心配に取りつかれると、**自分なりに戦っている、それなりに努力しているという錯覚**を抱くことができます。実際は、まだ起きていないことで暗い気持ちになっても、何の意味もないし何の対策にもなりません。

まずは「心配してても仕方ない」と自分に言い聞かせて、あなたを惑わせている〝恐怖〟を追っ払う決心をしましょう。その上で、**スキあらばしのび寄ってくる不安や心配という甘い誘惑**をけ散らすには、「今できることに全力で取り組む」という方法が有効です。

結論
ただ漠然と怖がっているだけでは、むしろ悪い事態を引き寄せてしまう。

名言
12

禅語

善をも思わず、
悪をも思わず
（不《ふ》思《し》善《ぜん》不《ふ》思《し》悪《あく》）

慧《え》能《のう》というお坊さんが、偉いお坊さんの後継者に選ばれました。そのことに納得がいかない門下のお坊さんたちが、慧能を追いかけて、**後継者の証である衣鉢（衣と食器）を奪おうとします。**そのとき慧能は、追ってきたお坊さんにこう言ったとか。

善とか悪とか、正しいとか間違っているとか、物事を二つに分けて考えてはいけない。**生まれる前から備わっているはずの純粋な人間性**を思い出しなさい。慧能にそう諭されたお坊さんは、自分の過ちに気付いて悔い改めました。

私たちは**何ごとに対しても、善悪や正誤のレッテルを貼りがち。**人を「敵か味方か」に分けたがる癖もあります。物事も人もそう簡単に白と黒には分けられません。どっちかに決めようとすればするほど、どんどん窮屈な気持ちになっていきます。あえてグレーのままにしておくのが、**実は素直で誠実な態度**と言えるでしょう。

結論

身の回りに起きることのほとんどは、「どっちでもいい」で片づけられる。

名言
13

ルーシー・モード・モンゴメリ

一生懸命やって
勝つことの
次にいいことは、
一生懸命やって
負けることなのよ

ルーシー・モード・モンゴメリ

（カナダの小説家／1874〜1942年）

幼くして母と死別し、祖父母に育てられた。教師を務めたあと、初めての長編小説『赤毛のアン』が世界的なベストセラーに。生誕地であるプリンスエドワード島は、ファンの聖地となっている。

今も世界中の少年少女たちに読み継がれている『赤毛のアン』シリーズ。そこに出てくるこの言葉は、主人公のアンが、試験の結果を心配する級友に向けて言ったものです。**「やるだけのことはやったんだから、結果は二の次」**ということですね。

試験にせよ仕事にせよ恋愛にせよ、一生懸命に取り組んで、いい結果（勝ち）につながれば申し分ありません。いっぽうで、よくない結果（負け）だったとしても、**一生懸命にやったことは自分の成長につながっています。**満足感も覚えることができるでしょう。

一生懸命やっていれば、結果を恐れる必要はありません。「人事を尽くして天命を待つ」という言葉もあります。一生懸命やらずに負けたら、さぞ悔いが残るでしょう。そして、**たぶんいちばんよくないのは、一生懸命にやらずに勝つこと。**自分を勘違いさせるだけで何も残らないし、嬉しさより後ろめたさが勝りそうです。

結論

心配したいのは結果ではなく、一生懸命やれているかどうか。

日本のことわざに生きる智恵を学ぶ③

生き方編

あまり知られていない「ことわざ」から、生き方にまつわる智恵が詰まった「名言」をピックアップしました。

大きい薬缶《やかん》は沸きが遅い

大人物は大成するのに時間がかかる。自分も周囲も焦る必要はない。

踵《かかと》で頭痛を病《や》む

見当違いな心配をすること。人は意味のない心配をしがちである。

亀の年を鶴が羨《うらや》む

千年生きる鶴でも万年生きる亀を羨む、人の欲望にはきりがない。

賢者ひだるし伊達《だて》寒し

我が道を生きる人はつらい思いをする。「ひだるい」は空腹、「伊達」はおしゃれな人のこと。

自慢は知恵の行き止まり

人は自慢をするようになると、知恵は増えなくなり成長も止まる。

近くて見えぬは睫《まつげ》

他人のことはよくわかっても、自分のことは近すぎてわからない。

鍋が釜を黒いと言う

自分も同じなのを棚に上げて、他人の欠点や特徴をからかうこと。

4章

前向きになれる言葉

名言
01

アラン

悲観主義は
気分に属し、
楽観主義は
意志に属する

アラン

（フランスの哲学者・評論家・教師／1868〜1951年）

本名はエミール＝オーギュスト・シャルティエ。アランはペンネーム。著書『幸福論』などで、人間は誰しも「幸福になることを誓わねばならぬ」と説いた。「現代のソクラテス」とも呼ばれている。

物事を悲観的にとらえるか、楽観的にとらえるか、それはその人の「性格」で決まると思いがち。しかし、数多くの名言を残したアランの見解は違います。**「楽観主義」は、自然に備わるわけではなく、意志の力によるもの**だと強調しました。

仕事がうまくいかなかったときや人間関係で落ち込むことがあったときに、**気分に身を任せていると、どんどん悲観的な考えが浮かんできます。**「大丈夫、きっと何とかなる」といった楽観的な考えを抱くためには、意志の力が欠かせません。逆に言えば、楽観的でいたいという意志さえあれば、どんなときも大丈夫です。

アランはほかにも**「幸福だから笑うのではない。笑うから幸福なのだ」**「我々は現在だけを耐え忍べばよい。過去にも未来にも苦しむ必要はない。過去はもう存在しないし、未来はまだ存在していないのだから」など、**幸福に過ごす秘訣**を多く授けてくれました。

結論

悲観主義から逃れられない人は、望んでそうしている節もある。

名言
02

アフリカのことわざ

早く行きたいなら
一人で歩け。
遠くまで行きたいなら
他の者とともに
歩いてゆけ

どんな仕事も、一人ではできません。画家や彫刻家など、一人でやれそうな仕事にしたって、**それを販売する人、その価値を評価する人、そして絵の具やノミを作る人**がいなければ、仕事を続けることは不可能です。

仕事に限らず、旅行や趣味でも、一人のほうが「話が早い」という一面はあります。自分のペースや好みで進められるし、誰かに気兼ねする必要もありません。しかし、**自分の能力や興味の範囲は限られています。**想像を超えた展開には、なかなかなりません。

同じ方向に歩いていく仲間がいれば、助け合ったり励まし合ったり、喜びを分かち合ったりできます。自分の限界や想像を超えて、さらに「遠く」に歩いていくために、仲間の存在は欠かせません。**仲間を信じて、そして自分を信じて、もっともっと遠くまで歩いてゆきましょう。**きっと胸躍る展開が待っています。

結論

自分自身も、仲間にとっての「頼れる仲間」でありたい。

名言
03

フランシス・ベーコン

高みに上る人は、
皆らせん階段を使う

フランシス・ベーコン

（イギリスの哲学者・政治家／1561〜1626年）

政治の世界で要職に就くが失脚。その後は、研究と著述に専念。観察と実験を重視する帰納法を説き、近代科学の基礎を確立した。イギリス経験主義の祖。「知は力なり」という名言を残した。

目標に向かって努力しているときに、思ったような手ごたえを感じられず、遠回りをしている気がすることがあります。そんなときは、ベーコンのこの言葉を思い出しましょう。**遠回りをしているると感じるのは、あなたが「高み」に上っているから**です。

人間の成長も旅も、節目や目的地に「最短距離」でたどり着けばいいというものではありません。らせん階段でゆっくり着実に前に進んだほうが、長い目で見ると**より多くのものを得られるし、より高みに到達できるはず**です。旅も同じ。寄り道しながらゆっくり進んだほうが、より充実した道のりになるでしょう。

近ごろよく聞くのが「タイパ（タイム・パフォーマンス）」という言葉。もちろん、無駄に時間や手間をかけるのは、いいことではありません。しかし、**常に「タイパ」を最優先していたら、いつまでも「低み」をウロウロすることになる**気がします。

結論

らせん階段だと上っていきながら、全方向の景色を見ることもできる。

名言
04

アンリ・ベルクソン

どこまで行けるかを
知る方法はただひとつ。
出発して
歩き始めることだ

アンリ・ベルクソン

（フランスの哲学者／1859～1941年）

「生の哲学」を提唱。近代の自然科学的・機械的思考方法を批判し、内的認識・哲学的直観の優位を説いた。ノーベル文学賞受賞。著書に『物質と記憶』『創造的進化』『道徳と宗教の二源泉』など。

就職にせよ転職にせよ移住にせよ、あるいは結婚にせよ離婚にせよ、新しい道を歩き始めるときは、誰しも「うまくいくだろうか」「この道でよかったんだろうか」と不安でいっぱいです。かといって**「見通しが立ってから出発したい」と思っても、それは無理な話。**とにかく一歩を踏み出さないと始まりません。

どんなに不安でも、どんなに険しい道のりでも、一歩ずつ踏みしめて行けば確実に前に進みます。**ぬかるみがあれば避ける方法を考えればいいし、**壁にぶち当たったとしても、はしごを探すなり横道にそれるなりして、どうにか越えることができるでしょう。

そして、しっかり地面を踏みしめて歩いて行くうちに、**いつの間にか自分がイメージしていた限界を軽々と越えてしまう**こともよくあります。歩き始めてしまえば、こっちのもの。今抱いている不安は、やがて自信や希望に形を変えてくれるはずです。

結論

世の中には、いつまでも歩き出さずに予想や論評ばかりしている人もいる。

名言
05

福沢諭吉

進まざる者は
必ず退き、
退かざる者は
必ず進む

福沢諭吉

（啓蒙思想家・教育者／1835〜1901年）

西洋の学問や思想を日本に広めることに尽力した。著書『学問のすゝめ』は累計300万部の大ベストセラーとなり、当時の知識人に大きな影響を与えた。慶應義塾の創設者としても知られる。

変化には勇気が必要です。変化したことで、いい方向に進むとも限りません。今の状況や環境に強い不満がなければ、とりあえず「現状維持」が正解という気持ちにもなるでしょう。しかし、福沢諭吉は「進まざる者は必ず退き」という言葉で、**前に進まないことは後ろに下がることと同じ**であると警告しています。

それに続くのが「退かざる者は必ず進む」という言葉。人は「やらない理由」を探すのが得意です。旗色が悪くなると、いったん後ろに下がってまた機会を伺おうと考えがち。しかし諭吉は、**「退かざる者」であり続ける大切さ**を訴えました。

スムーズにはいかなくても、退きさえしなければ、ジタバタしているうちに必ず前に進めます。ムキになって「前進」にこだわるのは危険ですが、態勢を立て直すにせよ作戦を練り直すにせよ、**「退いているのではない」という意識**は持ち続けましょう。

結論

仕事も人間関係も、日々努力と変化を積み重ねてやっと現状維持を保てる。

名言
06

良寛

花は無心にして
蝶を招く。
蝶は無心にして
花を尋ねる

良寛

（禅僧・詩人・歌人・書家／1758〜1831年）

越後の名主の長男として生まれる。22歳で岡山県の円通寺に赴き仏道修行に励んだ。35歳頃に越後に戻り、空庵を転々としながら、多くの詩や歌を残した。子ども好きだったことでも知られる。

この言葉は良寛が詠んだ漢詩の一部（原文は「花無心招蝶　蝶無心尋花」）。**花は蝶を招きたいと思って咲くわけではありません。花を尋ねる蝶も何も考えていません。**生物学的には、花と蝶が出会うことによって、受粉を助けたり蜜を得たりといったことはありますが、それはまた別の話です。

良寛が言いたいのは、自然の営みの尊さ。**何事も「そういうふうにできている」し、結局はなるようになります。**意図や狙いを持って何かをしようとすればするほど、花が蝶を招いたり蝶が花を尋ねたりするスムーズな境地からは遠く離れてしまうでしょう。

今、望むような結果が出ていなくても、焦る必要はありません。あなたはいつの間にか、**あなたが望んでいる結果に招かれるし、あなたもまた望んでいる結果と出会える**でしょう。そうならないとしたら、自分の望みがどこか「不自然」なのかもしれません。

結論

自分の力で切り開ける運命の範囲は、自然が定めた運命に比べたらごく一部。

名言
07

イタリアのことわざ

今日という日は
残りの人生の
最初の日だ

何かを始めようとしたときに、最初の障壁となりがちなのは、自分の中に芽生える「もう○歳だしなあ」という気持ち。しかし、本当にやりたいことなら、年齢なんて関係ありません。今日は残りの人生の最初の日だし、**今日の自分は残りの人生の中で「もっとも若い自分」**です。

「もっと早く始めればよかった」「せめてあと○歳若かったら」と思う必要はありません。そもそも思っても仕方ありません。もし、誰かがそう言いながら何かを諦めているとしたら、**本当はやりたくなくて「もっともらしい理由」にしているだけ**です。

誰もが新しい一日を迎えるたびに、人生の新しいスタートを切っています。戻っては来ない過去のことは忘れて、未来だけを見て、遠慮なく夢や希望を抱いてしまいましょう。**いくつになろうと、あなたには無限の可能性があります。**

結論

大人に「もう遅い」ことはないが、「まだ早すぎる」こともまずない。

名言
08

チャールズ・ダーウィン

一時間の浪費を何とも
思わない人は、
人生の価値を
まだ発見してはいない

チャールズ・ダーウィン

（イギリスの博物学者・医師／1809～1882年）

イギリス海軍の測量船ビーグル号でガラパゴス諸島に上陸し、ゾウガメの変種の存在を確認。のちに「近代的進化論」を確立するきっかけとなる。著書に『ビーグル号航海記』『種の起源』など。

誰にとっても、1日が24時間であることに違いはありません。**限られた時間をどう使うかによって、充実した毎日を送れるかどうか、実り多い人生になるかどうか**が決まります。しかし、私たちは、ちょっと気を抜くとすぐに時間を浪費しがち。

「時間の浪費」は、仕事をサボって遊んでいたり、ついダラダラ過ごしたりといったことだけではありません。毎日ストレスと疲労を溜めながら、**自分にとって意味がない仕事を続けているのも、立派な「時間の浪費」**です。解決を目指すわけではなく、クヨクヨと悩み続けて時間を無駄にしているケースも少なくありません。

時間を大切にできないのは、ダーウィンに言わせると「人生の価値をまだ発見していない」から。つまり、**自分がやるべきこと、自分が本当にしたいことが見つかっていないから**です。一度しかない人生、時間を大切に使える自分に「進化」しましょう。

結論

忙しさやたいへんさを感じていても、価値ある時間の使い方とは限らない。

名言 09

中根東里

出る月を待つべし。
散る花を
追うことなかれ

中根東里

（江戸時代の儒学者／1694〜1765年）

伊豆国生まれ。禅宗の僧となり中国語を学ぶ。やがて還俗し、朱子学に傾倒するが、のちに陽明学に転じる。下野国佐野で塾を開いて暮らし、生涯「清貧」を貫いた。著書に『学則』『新瓦』など。

人生は山あり谷あり。ただ、花が咲く時期はあっという間で、**往々にして苦しい時期のほうが長く、大切な人との悲しい別れもあります。**しかし、散った花を追っても始まりません。欠けた月がやがて満ちるように、必ずまたいいことがあります。

東里が52歳のとき、弟が3歳の幼女を連れてやってきました。弟は「難産で母親が死に、この子を育てられない」と言って、独り身の東里に子どもを預けて去ってしまいました。**当時としては「老い先短い」年齢になっていた彼は、さぞ戸惑った**ことでしょう。やがて筆を取って、この言葉を書いたと言われています。

母を亡くした幼い子どもと、そして大きな責任を負った自分自身への励ましだったのかもしれません。誰しも失ったものや人を惜しむなど、「散る花」を追いたくなることはあります。そんなときは**「出る月」に思いを馳せましょう。**大丈夫、月は裏切りません。

結論

空の月が周期的に必ず満ちるように、人生のツキもやがて必ず好転する。

名言
10

トーマス・アルバ・エジソン

私たちの
最大の弱点は
あきらめることにある

トーマス・アルバ・エジソン

（アメリカの発明家・起業家／1847〜1931年）

小学校を3カ月で退学し、その後は元教師の母親が教育に当たった。蓄音機、白熱電球、キネトスコープ（映写機）、タイプライター、印字電信機など、生涯に1300もの発明をした「発明王」。

エジソンは、努力や失敗の大切さを説く言葉を多く残しています。「失敗は成功の母」「**私は今までに一度も失敗をしたことがない。電球が光らないという発見を今まで二万回しただけだ**」「天才とは、1%のひらめきと99%の努力である」などなど。

この言葉は、さらに「**成功するのにもっとも確実な方法は、常にもう一回だけ試してみることなんだ**」と続きます。思うような結果が出なくて落ち込んでいる人は、エジソンの言葉に背中を押してもらって、「もう一回だけ」試してみましょう。ダメだったとしても、また「もう一回だけ」試し続ければ、きっと道は開けるはず。

「あきらめたら、そこで試合終了だよ」という有名な言葉もあります。**あきらめない限り、その挑戦は「失敗」ではない**し、その戦いは「負け」ではありません。ただし、何度も同じ方法を試すのではなく、成功に近づくための工夫と努力は重ねましょう。

結論

あきらめなければ失敗ではない――。
その考え方もエジソンの偉大な発明。

名言
11

ウィリアム・シェイクスピア

人は心が愉快であれば
終日歩んでも
倦《う》むことはないが、
心に憂いがあれば
わずか一里でも倦む

ウィリアム・シェイクスピア

（イギリスの劇作家・詩人／1564〜1616年）

多くの戯曲や詩を後世に残した。今も広く愛読され、世界各地で上演されている。おもな作品に「ハムレット」「マクベス」「オセロ」「リア王」の四大悲劇、「真夏の夜の夢」「ベニスの商人」など。

ハイキングで一日中歩くのは苦になりませんが、外回りの仕事で同じ距離と時間を歩くことはできそうにありません。この言葉は**「人生の行路もこれと同様で、人は常に明るく愉快な心をもって人生の行路を歩まねばならぬ」**と続きます。

人生という行路を倦むことなく歩いてゆくためには「明るく愉快な心」が欠かせないと、シェイクスピアは言います。逆に言えば、**自分が熱中できること、楽しいと思えることをやっていれば、**たいへんな道のりも力強く歩んでゆけるでしょう。

毎日、会社に向かう道のりが憂鬱でたまらない人は、仕事に対して「明るく愉快な心」を持てずにいる可能性が大です。それは**仕事に問題があるのか、自分の取り組み方が間違っているのか、**しっかり原因を考えてみましょう。倦んだ日々から抜け出す努力をするのは、自分自身に対して果たしたいもっとも大切な義務です。

結論

日々を愉快な心で過ごすことは、自分の人生に対する責任でもある。

名言
12

マオリ族のことわざ

太陽に顔を向けろ。
影はあなたの
後ろにできるから

どうせ顔を向けるなら、暗いほうよりも明るいほうがいいと、頭ではわかっています。しかし、気持ちが沈んでいると、**輝いているほうやにぎやかなほうから、目をそらしがち。**暗いほうや活気がないほうに、むしろ心惹かれたりします。

プレゼンで失敗した、恋人に振られた、不用意な言葉で誰かを傷つけた、資格試験で結果が出なかった……。気持ちが落ち着くまで、**少しのあいだ顔を伏せて静かに過ごすのもいいでしょう。**しかし、いつまでもうつむいているわけにはいきません。

顔を向けたい「太陽」は、状況によって違います。新たなプレゼンや別の試験かもしれないし、次の恋愛かもしれません。**傷つけた相手に謝罪するのも、きちんと「太陽」に顔を向ける行為**です。どうしていいか迷ったら、まぶしいほうを目指しましょう。そうすれば、心にできた暗い影は自分から見えなくなります。

結論

厳しいことを言ってくれる人も、自分を成長させる太陽である。

名言
13

ラビンドラナート・タゴール

死は生を最後に
完成させるもの

ラビンドラナート・タゴール

（インドの詩人・思想家／1861〜1941年）

西欧の学問を修め、インドの近代化や東西文化の融合に貢献した。インド国家の作詞、作曲者でもある。東洋人として初めてノーベル文学賞を受賞。著書に詩集『ギーターンジャリ』など。

人は誰でも、いつか必ず死にます。**「死」の話題は、ネガティブなものでも後ろ向きなものでもありません。**人生は死というゴールに向かう旅路。ゴールから目をそらさず、それまでの道のりをせいいっぱい充実させましょう。

「どうせ死ぬんだから、どう生きたところで関係ない」と考える人もいます。それは、もったいない話。死という区切りがあるからこそ、**自分の人生という「オリジナル作品」を全力で仕上げる**ことに、大きな意味と価値が生まれます。いつまでも死なかったら、それこそ日々をどう過ごそうが関係ありません。

厄介なのは、死がどんなタイミングで訪れるかがわからないところ。だからこそ私たちは、いつエンドマークが出てもいいように、悔いのない毎日を過ごす必要があります。**タイミングがわからないのは、むしろありがたいこと**かもしれません。

結論

身近な人の死に際しても、「作品」を鑑賞させてもらう視点を持ちたい。

日本のことわざに生きる智恵を学ぶ④

お金編

あまり知られていない「ことわざ」から、お金にまつわる智恵が詰まった「名言」をピックアップしました。

一文吝《おし》みの百知らず

目先の小さな損得にこだわる人は、結局は大損をしてしまいがちということ。

金は三欠《か》くに溜まる

義理と人情と交際の三つを欠く覚悟がないと、お金は溜まらない。

借りる八合済《な》す一升

お金や物を借りたら、お礼を足して返す（済す）ことが大切である。

倹約と吝嗇《りんしょく》は水仙と葱

倹約とケチ（吝嗇）は、見かけは似ているが実態はまったく別モノである。

財布の紐は首に掛けるより心に掛けよ

財布を盗まれない用心より、自分が無駄遣いをしないことが大事である。

千畳敷に寝ても畳一枚

人が生きる上で必要なものには限りがある。欲もほどほどに。

枡で量って箕《みの》でこぼす

苦労して貯めたお金や物を、無駄なことに使って一気になくすこと。

5章

自分を好きになる言葉

名言
01

オスカー・ワイルド

自分自身を愛することは一生涯続くロマンスを始めることである

オスカー・ワイルド

（イギリスの文学者／1854～1900年）

耽美主義、芸術至上主義を唱えて、時代の寵児となる。同性愛を咎められて投獄され、失意のまま没した。パリにある墓は、ファンや支持者の聖地となっている。著書に『サロメ』『幸福な王子』など。

あなたは自分自身を大切にしてますか。自分自身について十分に知っていますか。**長所も短所もひっくるめて、ありのままの自分自身を受け入れていますか。**「自分自身を愛する」というのは、そのすべてを実行することです。

「自分のことが嫌い」という人もいるでしょう。しかし、意地や気取りを捨てて素直な気持ちで自分自身と対峙すれば、**なんせ長い付き合いですから、知れば知るほど好きになれるはず。**どんなに深く愛しても、誰かに迷惑をかけることはありません。しかも、いつも身近にいて本音で寄り添ってくれます。

あらためて**「自分自身を愛する」という心ときめくロマンス**を始めましょう。こんなに推し甲斐のある存在はないし、あんまりだと思ったら苦言を呈することもできます。**自分と自分による素敵なロマンス**は、人生を素敵に彩ってくれるに違いありません。

結論

ただし「溺愛」を注いで甘やかすと、自分自身の足を引っ張ることになる。

名言
02

アルトゥル・ショーペンハウアー

幸せを数えたら、
あなたは
すぐ幸せになれる

アルトゥル・ショーペンハウアー

（ドイツの哲学者／1788〜1860年）

プラトンとカントを研究したのち、ゲーテと交流。インド哲学にも傾倒した。著書『意志と表象としての世界』などで唱えたペシミズム（厭世観、厭世思想）は、ニーチェなどに強い影響を与えた。

絶望のどん底にいる人だって、少なくとも「生きている」という幸せは手にしています。まして、平穏な日々だけど何となく物足りないという状況なら、**寝る家がある、友だちがいる、ご飯が食べられる……など、たくさんの幸せ**を数え上げられます。

私たちはちょっと気を抜くと、手に入れていないものやできないことなど、幸せより不幸をリストアップしがち。**不幸を数え始めたら、人はすぐ不幸になることができます。**一度しかない人生なのに、かわいそうな自分を憐れみ続けるという甘い誘惑に負けている場合ではありません。

この言葉は、**つらい状況や苦しい状況にあるときにこそ、真価を発揮**してくれます。今ある幸せやこれから訪れる幸せなど、全力で幸せを数え上げましょう。同じように「自分のいいところ」も、数え上げれば数え上げるほど、自分を好きになれます。

結論

自分の「幸せ」は、自分だけのもの。
他人がどう「幸せ」かは関係ない。

名言
03

パスカル

人はみな変わる。
過去の自分はもはや
現在の自分ではない

パスカル

（フランスの哲学者・物理学者・数学者／1623〜1662年）

早熟の天才であり、数学や物理学で大きな業績を残した。思想的には現代実存主義の先駆者と位置付けられる。遺稿集『パンセ』には、「人間は考える葦である」など名言が多数収められている。

昨日の自分と今日の自分は、同じではありません。まして1年**前の自分と現在の自分を比べたら、たくさんの違いがある**でしょう。もし過去の自分が好きじゃなかったとしても、気にしなくて大丈夫です。現在の自分とはぜんぜん違う人なのですから。

この言葉は、**現在の自分が好きじゃない人にとっても、救いと希望を与えてくれます。**未来の自分、つまりその時点での「現在の自分」は、今の時点、つまり未来から見た「過去の自分」とは、大きく変わっているはず。いつか「過去の自分より現在の自分が好き」と思えるように、今日から頑張りましょう。

自分だけでなく**周囲の人にも、同じことが言えます。**過去に幻滅したりケンカしたりしたとしても、現在は同じ人ではありません。今、怒りや憎しみを抱いている相手だって、未来は別の人になっているはず。人間は**「忘れる葦」**になることも大切です。

結論

とはいえ「いい方向」に変わるとは限らないのが、怖いところでもある。

名言
04

デール・カーネギー

幸福は（中略）、
ただ、あなたが何を
考えるかで決まるのだ

デール・カーネギー

（アメリカの作家、講演家／1888〜1955年）

中古車のセールスマンなどを経て、社会人向けの夜間学校で弁論術講座を担当。たちまち人気講師に。著書『人を動かす』『道は開ける』などを通じて、ビジネスパーソンに影響を与え続けている。

幸福について、カーネギーはこう言っています。**「幸福は、あなたが何を持っているか、あなたが誰か、あなたが何処にいるか、あるいは、あなたが何をしているかで決まるものではない。ただ、あなたが何を考えるかで決まるのだ」**と。

「自分には○○がないから幸福にはなれない」「自分なんて幸福になる資格はない」**「こんなところでこんなことをしていたら幸福はつかめない」**――。あなたがもし、そんなことをチラッとでも思っているとしたら、この言葉を何度も繰り返して音読しましょう。

幸福になれるかどうかを決めるのは「何を考えるか」だと、カーネギーは言います。何をするにも、どんな自分になるにも、まずは考えないと始まりません。**自分を成長させるのも堕落させるのも、自分の考えに左右されます。**それ以外の要素に「幸せになれない理由」を押しつけるのは、単なる逃げだと言っていいでしょう。

結論

どうすれば素敵な自分になれるか、考えれば考えるほど幸福に近づける。

名言
05

インドのことわざ

汝が生まれたときに汝は泣き、
汝の周囲の人々は喜んだ。
汝がこの世を去るときには、
汝の周囲の人々が泣き、
汝のみ微笑むようにすべし

自分では覚えていませんが、私たちは大泣きしながら生まれてきました。周囲の人たちは、泣いている赤ん坊を見て喜び、この世にやってきたことを歓迎してくれました。**私たちは誰もが、手放しで祝福される存在として生まれてきた**のです。

その後も、たくさんの愛情を受けて成長してきました。大人になった今、思い通りにならないことも多々あるでしょう。しかし、**人間は生まれてきたこと自体に価値があり、多くの人に幸せをもたらしています。**生まれたときのことを想像すれば、自分のこともこの世界のことも、今より好きになれるのではないでしょうか。

この世を去るときに微笑んでいるためには、日々をせいいっぱい生きることが大切。そして、けっして泣いてもらいたいからではなく、**生まれた日から受けたたくさんの恩を返す**つもりで、日頃から「周囲の人々」にやさしく接することを心がけましょう。

結論

最期の時に、自分の人生やこの世界を心から祝福できる境地を目指したい。

名言
06

ラルフ・ワルド・エマソン

雑草とは何か？
それは美点が
まだ発見されていない
植物である

ラルフ・ワルド・エマソン

（アメリカの思想家・詩人／1803～1882年）

父親を継いで牧師となるが、教会の形式主義に懐疑を抱いて辞任。人間の本性に神が宿ると考え、「トランセンデンタリズム（超絶主義）」を唱えた。著書に『自然論』『随筆集』『代表偉人論』など。

山や野原にも、都会の片隅にも、たくさんの草花が生えています。花や姿を愛でられるものもあれば、実や種が収穫されるものもあります。しかし、大半は「雑草」と呼ばれるもので、**いちおう名前はあっても、それを意識されることはまずありません。**

では「雑草」には、何の取り柄もないのか。そんなことはないはず。エマソンは「雑草」を「美点がまだ発見されていない植物」と定義しました。**植物の世界における「雑草」は、人間の世界における「私たちひとりひとり」とよく似ています。**

何を為したわけではなくても、特別に秀でた部分はなくても、己を卑下する必要はありません。あなたにできることや、あなたがそこにいる意味は必ずあります。**まずは自分自身が、自分の「美点」を発見してあげましょう。**少しずつ自信を付けていくうちに、周囲もあなたの「美点」に気付いてくれるはずです。

結論

たくましく生きていること自体が、雑草にとっての「美点」である。

名言
07

ヘンリー・デヴィッド・ソロー

後悔はたくさんした方が
いいのです。
悲しみをもみ消さないで、
むきあって、
慈しみましょう。

ヘンリー・デヴィッド・ソロー

（アメリカの作家・詩人・博物学者／1817〜1862年）
エマソンの超絶主義の影響を受け、その哲学を実践するために森の中に丸太小屋を建て、2年以上にわたって自給自足の生活を送る。著書に『ウォールデン － 森の生活』『ケープ・コッド』など。

人生に後悔はつきものです。後悔はけっして悪いものではありません。ソローのこの言葉は**「それがいつか自分から距離のあるひとつの思い出になるまで。深く後悔することは、もう一度生き直すことにつながります」**と続きます。

「後悔しない生き方」というと、望ましい生き方のように聞こえます。しかし、「後悔しないこと」を目的にすると、安全策ばかりの人生を送ることになりかねません。ソローが言うように、**むしろたくさん後悔して、したたかに自分の糧として、また次の一歩を踏み出したい**ところ。その先にはきっと新しい世界が広がっています。

あなたが今、何らかの後悔を抱えているとしたら、しっかりむきあって慈しんで「思い出」にしてしまいましょう。それが、**後悔という過去のしつこい呪縛**を振り払う唯一の方法であり、本当の意味での「後悔しない生き方」です。

結論

人間は「後悔」を栄養にすることで、さらに大きく成長することができる。

名言
08

沖縄のことわざ

十《とう》ぬ指《いび》や
同《い》ぬ丈《たきー》や
無《ね》ぇーらん

両手を広げて、自分の指を観察してみてください。10本それぞれ、長さが違います。この言葉は**「10本の指は同じ長さのものはない」**という意味。それぞれの指は、それぞれの長さで、それぞれの役割を果たしています。

人間も、ほかの人と同じではありません。それぞれに個性や特徴や持ち味があります。私たちは自分と誰かと比べて引け目を感じたり、逆に優越感を感じたりしがち。**小指が自分の長さを嘆いたり、親指が自分の太さを誇ったりしたところで、まったく意味がありません。**どの指も等しく大切な存在です。

自信を無くす出来事があったときには、自分の指を一本ずつやさしくつまんでみましょう。**「自分は自分でいいんだ」と思えるはず。**両手を上にあげて、10本の指を開いたり閉じたりしながら、未来や夢をつかんでいる気持ちになってしまってもかまいません。

結論

悲しい気持ちで「ぢっと手を」見た石川啄木にも、この言葉を教えたい。

名言
09

アルフレッド・テニスン

自分に対する尊敬、
自分についての知識、
自分に対する抑制、
この三つのみが生活に
絶対的な力をもたらす

アルフレッド・テニスン

（イギリスの詩人／1809〜1892年）

急死した親友に捧げる哀悼詩『イン・メモリアム』で注目を集める。美しい韻律と叙情性に富んだ作風で、ビクトリア朝を代表する詩人となる。著書に、アーサー王伝説を元にした『国王牧歌』など。

突然「あなたは自分で自分を尊敬していますか？」と聞かれて、**迷いなく「はい」と答えられる人は、そう多くはない**でしょう。「自分のことを十分に知っていますか？」という質問に対しても、たいていの人は首をかしげてしまいそうです。

もうひとつの「自分に対する抑制」とは、ワガママに振る舞わない、欲望をコントロールできる、勤勉でいられる、機嫌よく振る舞うといったようなことでしょうか。**夢や希望、謙虚さや思いやりを忘れないなども含まれる**かもしれません。

着目したいのは、**テニスンが「この三つのみが」と言っているところ。**それ以外のもの、たとえば誰かを信奉したり、生きるノウハウ的な知識を得たり、誰かや何かのために自分を抑えつけたりしたところで、**きっと何の力にもなりません。**それぞれハードルは高めですが、指標として常に頭に置いておきたいものです。

結論

完璧の境地には誰も到達できない。
目指すだけでも力を得られるはず。

名言 10

アイヌのことわざ

天から役目なしに
降ろされたものは、
世界にひとつもない

野山で足元に目を向けると、たくさんの草が生えています。土があり石があり、アリなどの虫も歩いています。顔を上げると、目の前には木々があり、空には鳥が飛んでいるかもしれません。**すべてが、自分の役目をせっせと果たしています。**

雑踏では、すれ違う人の人生に思いを馳せてみましょう。誰もが自分の暮らしの中で、自分の役目を果たしています。当人が役目に気づいていなくても、**その人の存在は誰かの助けになったり、誰かに何かを気付かせたりしているはず。**そしてあなたも、何らかの役目を託されて天から降ろされました。

どんな「役目」なのかを具体的に考える必要はありません。**見えていることや想像の及ぶ範囲は、あなたを取り巻く世界のごく一部です。**「自分には自分の役目がある」ということだけ胸に刻んで、自信を持って、安心して、顔を上げて生きていきましょう。

結論

「自分は何もできない」は勘違い。
今ここで生きている意味が必ずある。

名言
11

老　子

足るを知る者は
常に富めり

老子

（中国、春秋戦国時代の思想家／生没年未詳）

姓は李、名は耳（じ）、字は耼（たん）。道家思想の開祖。『老子（道徳経）』の著者と言われている。儒家が主張する人為的な道徳や学問を否定し、「無為自然」の道を会得する大切さを説いた。

もし「座右の銘」の人気ランキングを作ったとしたら、この言葉は確実にトップ3に入るでしょう。**「満足することを知っている人間こそが、本当に豊かな人間である」**という意味です。モノやお金だけでなく、自分の能力や環境や人間関係など、何事においても「足るを知る」のは大切です。

ただし、この言葉を「身の程を知れ」というニュアンスで受け止めるのは、ちょっと違うかも。じつは、続きがあります。それは**「強めて行なう者は志有り」**というフレーズ。**「努力を続ける人こそが志をつかむことができる」**という意味です。

きっと老子が説いてくれているのは、自分の実力や目的と向き合って、**実際にできることを着実に積み重ねる大切さ。**夢や妄想といった実体のないもので自分をふくらませて、「足る」から目をそらしているうちは、富むことも志をつかむこともできないでしょう。

結論

ただ欲深いだけの上昇志向ではなく、地に足が付いた向上心を持ちたい。

名言
12

プラトン

嫉妬深い人間は、
自ら真実の徳をめざして
努力するよりも、
人を中傷するのが、
相手を凌駕する
道だと考える

プラトン

（古代ギリシャの哲学者／紀元前427頃〜紀元前347年）

ソクラテスの弟子。アリストテレスの師。アテナイ郊外に学園（アカデメイア）を創設。観念論哲学を大成させ、西欧哲学思想史に多大な影響を与えた。著書に『ソクラテスの弁明』『国家』など。

巷には悪口や中傷が飛び交っています。誰しも、同僚や知人の心無い悪口に傷ついた経験があるはず。当人は悪口のつもりはなくても、**何気ない嫌味や無意識のマウンティングで、けっこうなダメージを受ける**ことも少なくありません。

この言葉を見ると、どうやら人間がやることは、プラトンが生きた古代ギリシャ時代から、ぜんぜん変わっていないようです。嫉妬深い人間や努力する気がない人間は、**誰かを中傷することで自分のプライドを手っ取り早く満たして**きました。実生活だけでなく、ネット上にもそういう人は山ほど見かけます。

そんな**残念な人たちのセコイ都合**に振り回される必要はありません。まして、反省する必要なんてありません。たとえ自分に向けて言われた言葉でも**「自分には関係ない話」**です。そんなことに精を出している姿を見て、哀れに思ってあげましょう。

結論

中傷は頑張ることを諦めた人に残された、最後の拠りどころかも。

名言13

禅語

主人公

今では物語で中心的な役割を果たす人の意味で使われていますが、じつは仏教から生まれた言葉です。もともとは**「自分の中にいて、自分を見守っているもうひとりの自分」**という意味。きれいで純粋な心を持ち、何かと世俗にまみれて行動している自分を見て、もしかしたら眉をひそめているかもしれません。

あなたの主人公は、あなたの味方です。困ったときや迷ったときは、「ねえねえ、主人公」と話しかけてみましょう。**きっと解決策やアドバイスを提示してくれます。**壁にぶち当たったときや激しく落ち込んだときも、主人公はあなたを悪いようにはしないはず。

人生においては、意に反して悪役や汚れ役をやることもあるでしょう。しかし、**どんなときも自分の人生において、あなたは輝ける主人公です。**自分の主人公と力を合わせて、楽しい舞台を作っていきます。時々は、力いっぱいの拍手を贈ってあげましょう。

結論

自分の中の「主人公」と対話すればするほど、人生という舞台は磨かれる。

おわりに

出会った「名言」を最大限に活用しよう

あなたの心をケアしてくれる「名言」と、たくさん出会うことができましたか。疲れた心は元気になりましたか。座右の銘になってくれそうな「名言」は見つかりましたか。

この本をきっかけに、あなたが少しでも楽な気持ちになってくれていたら、あなたの今日と明日が少しでも明るいものになったとしたら、そんな嬉しいことはありません。

どの「名言」も、多様なメッセージを秘めています。それぞれの魅力を存分に味わい、最大限に活用しましょう。

まずは本の中から、今の時点でお気に入りの言葉を5つ選んで、そのページに付箋を貼ってみてください。何日か経ったら、あらためて5つの言葉を声に出して読んでみます。きっと「なるほど、そういう意味もあるのか！」と新しい発見があったり、違うポイントで新鮮な感動を覚えたりするはず。

何カ月かしたら、その時点でのお気に入りの言葉を選び直してみましょう。どんな言葉が新メンバーに加わり、どんな言葉が押し出されるかで、自分が置かれた状況や気持ちの揺れ具合などを感じ取ることができるかもしれません。

先人が残してくれた多くの「名言」は、どんな状況でもあなたに救いの手を差し伸べてくれます。「名言」という頼もしい心の杖を手に入れたあなたに、もはや怖いものはありません。これからの人生を楽しく力強く歩んでいきましょう。

2024年11月

石原壮一郎

おもな参考文献など

『ことばの知識大辞典』(板坂元・監修、主婦と生活社)

『世界の故事名言ことわざ総解説』(江川卓ほか・著、自由国民社)

『世界で1000年生きている言葉』(田中章義・著、PHP文庫)

『未来を変える偉人の言葉』(和田孫博、塩瀬隆之・監修、新星出版社)

『世界の知恵を手に入れる座右のことわざ365』(話題の達人倶楽部・編、青春出版社)

『生きる力がわいてくる　名言・座右の銘1500』(インパクト・編、ナガオカ文庫)

『心を整え人生を豊かにする　哲学者たちのことば』(哲学名言研究会・著、笠倉出版社)

『ほっとする禅語70』(渡會正純・監修、石飛博光・書、二玄社)

『続　ほっとする禅語70』(野田大燈・監修、杉谷みどり・文、石飛博光・書、二玄社)

『最新ことわざ・名言名句事典』(創元社編集部・編、創元社)

『幸せの鍵が見つかる　世界の美しいことば』(前田まゆみ・訳と絵、創元社)

『35歳までに知っておきたい大人の名言』(石原壮一郎・著、王様文庫)

webページ『漢字ペディア』(公益財団法人日本漢字能力検定協会・運営)

◉著者紹介
石原壮一郎（いしはらそういちろう）
コラムニスト

1963年、三重県松阪市生まれ。1993年のデビュー作『大人養成講座』（扶桑社）がベストセラーに。「大人」の素晴らしさや奥深さを世に知らしめた。以来、書籍、雑誌、テレビ、ラジオ、webなど、さまざまなメディアを通して、大人としての生き方やコミュニケーションのあり方を伝え続けている。講演やセミナーでも活躍。本書では古今東西の名言を掘り下げて、悩める大人の救いとなるヒントを探った。

著書は『大人力検定』（文藝春秋）、『父親力検定』（岩崎書店）、『夫婦力検定』（実業之日本社）、『大人の言葉の選び方』（日本文芸社）、『無理をしない快感』（KADOKAWA）、『失礼な一言』（新潮社）、『押してはいけない妻のスイッチ』（青春出版社）、『昭和人間のトリセツ』（日経BP）など100冊以上。

故郷を応援する「伊勢うどん大使」「松阪市ブランド大使」も務める。

人生《じんせい》が好転《こうてん》する95の言葉《ことば》　大人《おとな》のための“名言《めいげん》ケア”

2024年12月10日　第1版第1刷発行

著　者　石原壮一郎
発行者　矢部敬一
発行所　株式会社 創元社
〈本　社〉〒541-0047 大阪市中央区淡路町4-3-6
Tel 06-6231-9010（代）
〈東京支店〉〒101-0051 東京都千代田区神田神保町1-2田辺ビル
Tel.03-6811-0662(代)
〈ホームページ〉https://www.sogensha.co.jp/
印　刷　株式会社 太洋社

 Printed in Japan ISBN978-4-422-02109-6 C0081

幸せの鍵が見つかる 世界の美しいことば

前田まゆみ訳・絵
ISBN：978-4-422-91035-2
定価：1,760円（税込）
B5判変型・上製・112頁

幸せをもたらす美しいことばと絵との出あい。

本書は、名言や言い伝え、物語などから世界の美しいことばを50個セレクトし、日本語の対訳と心が温かくなる絵を添えました。発言者のプロフィールもあり、書かれた背景やことばをより深く味わえます。見開きで展開される一つひとつのことばには絵本のような世界が広がっていて、知らず知らずのうちに別世界に引き込まれ、まるでいろいろな世界を旅しているような気分になれます。ことばの世界を旅するうちに、きっと、あなたの人生に寄り添い、幸せをもたらす座右の銘と出あえるでしょう。

なくなりそうな世界のことば

吉岡　乾著・西　淑イラスト
ISBN：978-4-422-70108-0
定価：1,760円（税込）
B5判変型・上製・112頁

「小さな」言葉の窓からは、広い世界が見渡せる。世にも珍しい、少数言語の単語帳。

世界で話されていることばは、およそ7000もあります。しかし、いま世界では、科学技術の発展とともに、数少ない人が限られた地域で用いている「小さな」ことばが次々に消えていってしまっています。本書は、世界の50の少数言語の中から、各言語の研究者たちが思い思いの視点で選んだ「そのことばらしい」単語に文と絵を添えて紹介した、世にも珍しい少数言語の単語帳です。耳慣れないことばの数々から、「小さな」言葉を話す人々の暮らしに思いを馳せてみてください。